硅谷工程师爸爸的超强思维训练课

憨爸·著

中国妇女出版社

图书在版编目（CIP）数据

硅谷工程师爸爸的超强思维训练课 / 憨爸著. -- 北京：中国妇女出版社, 2018.1（2019.9重印）
ISBN 978-7-5127-1534-9

Ⅰ.①硅…　Ⅱ.①憨…　Ⅲ.①儿童—思维训练 ②儿童—家庭教育　Ⅳ.①B80 ②G78

中国版本图书馆CIP数据核字（2017）第255549号

硅谷工程师爸爸的超强思维训练课

作　　者：憨爸　著
责任编辑：肖玲玲
封面设计：周周设计局
责任印制：王卫东
出版发行：中国妇女出版社
地　　址：北京市东城区史家胡同甲24号　　　邮政编码：100010
电　　话：（010）65133160（发行部）　　　65133161（邮购）
网　　址：www.womenbooks.cn
法律顾问：北京市道可特律师事务所
经　　销：各地新华书店
印　　刷：北京通州皇家印刷厂
开　　本：165×235　1/16
印　　张：18.5
字　　数：211千字
版　　次：2018年1月第1版
印　　次：2019年9月第6次
书　　号：ISBN 978-7-5127-1534-9
定　　价：48.00元

目录 | CONTENTS

第一章 | 思维力决定孩子的学习力

第二章 | 亲子互动，激发孩子的超强脑力

第三章 从小学编程，培养孩子的思考能力

第四章 用思维导图训练超强大脑

第五章 数学启蒙，培养良好的数理思维

第六章　英语启蒙，在家建立英语语境

第七章　科学+艺术启蒙，原来很简单

第八章 硅谷工程师爸爸眼中的STEAM教育

第九章 硅谷工程师爸爸的学习习惯培养法

第十章 跟硅谷工程师爸爸学育儿

第一章

思维力决定孩子的学习力

思维力是孩子语言、数学、艺术、音乐全面发展的基础。可以说，思维力决定着孩子的学习力。在孩子大脑高速发育的阶段进行科学系统的思维训练，可以开发智力，提升学习力。

抓住孩子智力发育窗口期，培养思维能力

我曾看过清华女教授颜宁参加的一期电视节目，不禁为颜宁的智商和口才深深折服。身边有个清华师兄认识颜宁，他跟我说：“颜师姐的思维能力太强了，所以在科学、语言等各方面都很优秀！”从那时候起，我才发现，原来思维能力是一个人成才的关键。

思维能力发展为什么很重要

思维能力是孩子语言、数学、艺术、音乐全面发展的基础

美国有一本关于儿童思维发展的畅销书——*Mind in the Making*，它的作者Ellen曾研究了很多聪明的孩子，得出的结论是，强大的思维能力是那些天才儿童的共同特质。思维能力是儿童语言、数学、艺术、音乐全面发展的基础。

我曾参加过一场由几个学生举办的小型慈善音乐会，开场是一段行云流水般的钢琴曲，之后我才知道，演奏的这个孩子是全美钢琴比赛的冠军，不仅如此，他还考过加州奥数竞赛的前几名，是学校辩论队的主力，已经收到了斯坦福大学录取通知书。他的钢琴老师对我们说：“这个孩子思维能力太棒了，刚开始学钢琴时背谱子，他反应超级快；而学一首新曲子，老师只要演示一遍，他就能大概明白其中的要点了。”

所以，一个孩子思维能力好，对各个学科都很有帮助。

思维训练直接提升孩子的智力水平

人的大脑有1000亿个活动细胞，每个细胞有2万个链接点，活动细胞与链接点的相互交链是影响孩子智力发展的关键，而思维训练正是通过影响大脑神经元细胞的相互交链，从而促进孩子的智力发展。

科学家曾经做过一个实验，在墙的高处挂一顶帽子，然后找了几个4岁以下的孩子，给他们3根短杆，问怎么才能把帽子取下来。有些孩子束手无策，但有些孩子就想到将3根短杆连接成一根长杆。经过科学家进一步观察发现，能想到拼接长杆方法的孩子相对来说智商更高。

可以说，思维能力直接反映了孩子智商的高低，训练思维能力能让孩子变得更聪明。

思维能力什么时候开始培养

斯坦福大学心理学教授Carol Dweck研究了儿童大脑的发育后，指出：“儿童大脑在婴幼儿阶段发育特别快，年龄稍大一些后，速度明显减慢。培养儿童大脑、训练思维能力，一定要从早期开始。”

儿童在8岁以前，他的思维能力处于一个极速发展的阶段，但到8岁以后，发展曲线明显放缓。因此，儿童的思维训练存在一个短暂的“机会窗口”，这个窗口期在2 ~ 8岁，此时，儿童大脑正在迅速发育。

儿童2岁以前大脑也处于高速发育的过程，但是2岁以后的思维训练会更容易操作，也更有意义。

怎样训练孩子的思维能力

思维能力是可以通过后天训练来提高的，可以通过玩具、教材来训练。另外，生活中很多场景也非常适合提高孩子的思维能力，主要体现在以下4个方面。

理解力训练

理解力指的是了解一件事物的能力，这种能力对未来的人生发展至关重要。知识点掌握需要理解，阅读文章需要理解，和别人交流更需要理解。

憨憨的老师对学生强调最多的就是“理解”两个字。有一次，我跟老师聊起孩子阅读的话题，她说：“不能只关注孩子的阅读量，还得关注他们是否真的理解了。为帮助孩子理解，你可以多问他一些问题，比如这个故事讲了什么，故事主人公为什么要这么做……”

多提问是训练孩子理解力的好方法之一。在回答问题中，孩子能不断地开动脑筋、思考问题，进而也会自己提问，从而不断加深对外界事物的认识。

判断力训练

判断力是思维能力中至关重要的能力，表现为孩子在不同的事物间能找出相同点和不同点。

生活中有很多训练判断力的方法。有一次我带憨憨去超市，顺手拿起苹果、梨子、青菜、葡萄给憨憨看，让他找出其中不同于其他的食材。他选择的是青菜，理由是青菜是蔬菜，而其余几种都是水果。

这个活动训练的就是判断力，判断力首先需要孩子找出事物的属性，然后根据属性再区分事物的异同。

概括力训练

概括力需要从事物的属性中找出它们共同的性质概念，这就需要孩子能够归纳。

有一天我拿了磁铁和铁钉、铁片、铁钩等一堆物件让憨憨玩，结果他发现这些物件都被磁铁吸住了，于是他总结出来，那些物件都是铁做的，其共同特性是能被磁铁吸住。

有了概括力，孩子对事物的理解、总结和归纳程度会上升一个台阶。

推理力训练

推理力也是一种非常重要的思维能力。推理一般都是按照因果关系来的，先明确假设，然后再推导最后的结果。

有一次我们搬了新家，换了门锁，配了新的钥匙。有一天开门的时候，我举着钥匙圈中3把钥匙问憨憨："你来猜猜哪一把钥匙可以开门？"

憨憨仔细观察了一阵，指出了其中一把钥匙，理由是新的门锁配新的钥匙。

推理力需要孩子平时充分留心细节，找出其中的逻辑关系，这样推理力自然就跟着提高了。

孩子的聪明才智是可以后天训练的，而后天训练的基础就是思维训练，2～8岁是孩子大脑高速发育的阶段，家长可千万不要错过这个黄金窗口期。

重视孩子的视觉感知力培养

憨憨上幼儿园的时候，憨妈是班级里的志愿者，通过对班里孩子的观察，她发现，有的孩子对于认识b和d、p和q是有困难的，老是将它们搞混；有的孩子对于数字找规律特别抓狂，无从下手；还有的孩子做事不够专注，容易分心……

于是，憨妈咨询了老师。老师说："这种情况往往是父母忽视了对孩子视觉感知力的培养。"这是我们第一次听说视觉感知力这个词。下面我就给大家介绍一下什么是视觉感知力，它的重要性，以及怎样才能提高这种能力。

什么是视觉感知力

我们对孩子眼睛的关注重点常常是他们能不能看清东西，能不能认知颜色，但这些都是停留在视力层面，其实除此之外，还有一种能力特别重要，这就是视觉感知力。

人的眼睛有着接收及分析视像的能力，从而形成知觉，以辨认物体的外观和所处的空间（距离），及该物体在外形和空间上的改变。脑部将眼睛接收到的物象信息分析出4类主要资料：空间、色彩、形状及动态。有了这些数据，我们可辨认外物，并对外物做出及时和适当的反应。这些就是视觉感知力。

为什么视觉感知力很重要

视觉感知力对于儿童非常重要，它关系到孩子每一天都会用到的各种技能，如阅读、书写、画画、数学、剪纸、穿衣等，如果缺少这些技能，孩子的自信心会受到很大的打击，他们的学业成绩也会受到影响。

怎么判断孩子的视觉感知力

我有个初中同学，上学时背单词比较困难，所以他的爸妈一发起火来就会怪他笨，结果导致他特别不自信，学习成绩也越来越差。

现在想来，问题出在他的视觉感知力确实不够好，父母也不知道这一点，没有做合理的引导，只是一味着急和责怪，结果非但没能帮助孩子提高，反而让孩子越来越缺乏信心。

根据Child Development网站的研究，家长可以从以下12个方面来判断孩子是否有良好的视觉感知力。

- 孩子玩拼图是否顺利?
- 孩子对于空间感的词语，比如里面、外面、上面、下面、前面、后面等是否有认知困难?
- 孩子对于b、d、p、q是否容易搞混?
- 当写字母或者数字的时候，孩子会不会将字母或者数字写反?
- 孩子对于认识左右有困难吗？如果提问举左手、举右手、抬左脚、抬右脚，他能及时做出反应吗?
- 看书的时候，孩子是否会忘记应该从哪里开始阅读?
- 孩子是否擅长字母、数字排序，或者找数字、图形的规律?

•孩子能轻松背下常用词吗?

•对于只画了一半的图画，孩子是否愿意画完剩下的一半呢?

•专注于一个任务的时候，孩子是否很容易被其他东西干扰（比如彩色的或者移动的物体）?

•当整理或者排列个人物品的时候，孩子是不是表现得有点儿困难、不够利索?

•在图案中寻找隐藏的物体时，孩子是不是表现得有点儿茫然?

如果上述问题孩子完成起来不是特别容易和轻松，那么孩子的视觉感知力很可能需要加强。

视觉感知力带来的问题

当孩子视觉感知力不太好时，则会引发下面一系列的问题。

•学习成绩会受影响：视觉感知力对于数学影响特别大。如果想要学好数学，要有很好的逻辑能力，而视觉感知力不好对于做找规律之类的题目来说是灾难性的。此外，视觉感知力对于英语学习也是同样重要，单词都背不下来，英语成绩又怎么会提高呢?

•比较难集中注意力：视觉感知力不好会导致孩子容易分心，我们经常看到孩子做作业、上课、看书时开小差，原因便在于此。

•自我调节能力比较弱：有些孩子控制情绪的能力不够好，比如很容易沮丧，受挫，并且很容易发脾气，这也跟视觉感知不好相关。

•不易合群：缺乏视觉感知力还会导致孩子缺乏自信。我有位同学，小时候经常左右不分，要他举左手，他会举右手，这些导致他内心有点儿自卑，从而不太合群。

•容易依赖别人：有时候，我听到身边有的孩子会说：“妈妈，帮我把这幅画画完吧。”“爸爸，帮我做这个手工吧。”有的孩子缺乏自信，特别容易依赖父母。这种依赖性正是因为自己做这件事情比较困难，从而希望靠别人来解决。

•做事的计划性和组织力较弱：做事计划性方面，不同孩子表现出来的状态差别很大。比如说出去游泳，有的孩子能把自己的泳衣、泳镜、毛巾、拖鞋都整理好了再出去；有的孩子想到去准备，但是会丢三落四；而有的孩子就直接冲出去，压根儿想不到事先准备好自己的物品。做事有没有条理，这也是视觉感知力带来的直接影响。

怎样提高视觉感知力

如果发现孩子视觉感知力不够好，没关系，有很多方法都能帮助孩子提高这一能力。

•Hidden Picture Game：寻找图片中隐藏的图案，通过耐心寻找，能培养孩子在多种色彩干扰下的专注力，从而提高视觉感知力。

•Picture Drawing：找一些画了一半的图案，让孩子接着完成，这能锻炼孩子的耐心和细心。

•Dot-to-dot：这就是我们俗称的“连线游戏”，按照数字顺序将点连接起来就是一幅图案。这个游戏对于孩子认识数字规律、勾勒图案很有作用。

•Memory Game：这是一款考记忆力的游戏，一开始将所有卡片都反扣在桌面，每次抽两张卡片，抽到相同的两张才算成功。

•Word Search Puzzle：在一张密密麻麻写满字母的纸上找单词，直到将所有单词都找出来为止。

憨爸分享

这里我再推荐一款玩具，这是我平时和憨憨经常玩的玩具，叫作重力迷宫（Gravity Maze）。它需要孩子根据关卡的要求设计迷宫，让滚珠按照迷宫规划的路线，从起点一次性到达终点。这款玩具专门训练儿童的视觉感知力，孩子在游戏过程中，可以锻炼观察力、记忆力、专注力、逻辑推理能力和组织规划能力。

游戏有60个关卡，4个等级，个人认为初级难度适合3岁以上的孩子，而高级难度的成人也不一定能轻松解开。在美国，很多参加数学竞赛的孩子都会拿这款玩具来“烧脑”。

视动整合能力差可能导致学习障碍

我曾经教几个孩子打网球，发现同样是零基础的孩子，当球飞来的一刹那，有的孩子一挥球拍就能很准确地击到球，有的孩子挥拍子却总是会扑空。击到球的孩子兴奋异常自不必说，击不到球的孩子则会垂头丧气，旁边的妈妈就会着急地不断提醒孩子，要专心、好好打。

其实这真不是专心不专心的问题，而是孩子的视动整合能力有差异。

什么是视动整合能力

视动整合能力简单来说就是手眼协调的一种能力，比如说眼睛里看到什么，用手能同步画出来，就是这种能力的体现。

视动整合能力一般在婴幼儿阶段看不出来，到学龄阶段才会逐渐体现出来。因为孩子的眼睛很正常，肢体动作也很正常，但问题是眼睛和肢体协调起来就比较费力了。

视动整合能力对于孩子而言特别重要，因为它直接影响了孩子的学习、写字、绘画和运动。

对学习的影响

科学家做过一个测试，他们找了100个学习有障碍的学生，测试了他们的视动整合能力，结果发现，85%的学生都存在视动整合能力不佳的问题。

如果视动整合能力差，在日常的学习活动中会有所表现，主要有以下几个方面。

- 常常抄错题。
- 写字时部首颠倒或者写错。
- 写字速度慢。
- 经常忘记数学计算过程中的进位与错位。
- 经常将字写出格子或者线外。
- 经常忘记写完整答案。
- 复杂的计算不出错，简单的问题反而出错。
- 考试时漏了某些试题。

视动整合能力会影响孩子的智商、认知能力，从而影响孩子的学习成绩。

对写字和画画的影响

当一个视动整合能力有问题的孩子抄写单词的时候，他写出来的字是歪歪扭扭的，因为没法很好地还原眼中所见到的真实的字。这样的孩子在画画方面也会存在同样的问题，比如画图形，让一个有视动整合问题的孩子一边看着一个几何图形，一边用笔画出来，通常他们画的图形将不会像原图那么规整。让他们在一个已有的框架内涂色，你会发现，他们经常会把颜色涂到界限外面去。美国课堂上经常有涂色练习，我常常看见有些小孩子把颜色涂到格子外面去，一开始以为是他们不小心涂错了，但是后来发现这其实是他们无意识的行为，并不是粗心的结果。

这些迹象都表明，视动整合能力会影响孩子绘画，因为他们眼中的图案信息没法传递到手部很好地表现出来。

对于运动的影响

很多运动项目更是对手眼协调能力要求极高。比如说打网球（羽毛球、乒乓球也是同理），孩子需要估算球的落点，以及拍子击打的位置，之后才能挥拍将球击出。如果视动整合能力有问题，你会发现，拍子老是击不到球，就算拍子碰到球，姿势也是很别扭，直接的后果就是球打飞了（其实不光是小孩子，有的大人也有这样的问题）。

篮球、棒球、排球也是一样的道理，接球、扔球都需要手眼的协调，否则球飞过来的时候经常会接不好球。对于男孩子来说，如果同学们一起打球，而你接不好球，拖了球队的后腿，会非常打击自信。因此，视动整合能力差会严重影响孩子运动能力的发展。

如何测试孩子的视动整合能力

下图是国外最常见的视动整合能力测试题。要求孩子一边看着左边这幅图，一边在右边的图中描出一个同样的图形，如果描得正确表示孩子的视动整合能力是正常的。

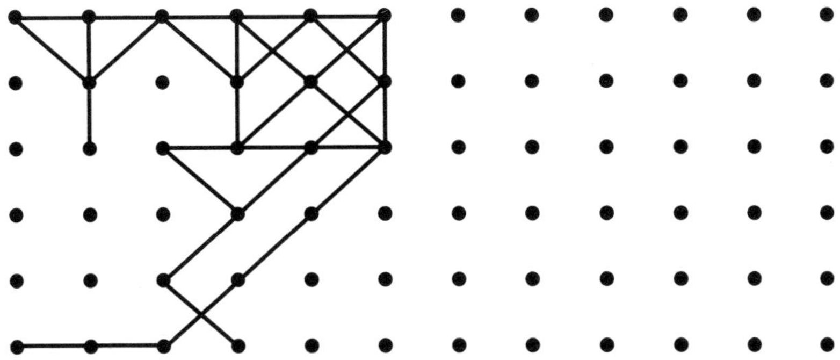

平时的一些小动作也能帮助家长判断孩子是否有视动整合能力的问题。

视动整合能力小测试

（1）写字画画是否很粗糙（比如涂色涂到框外去，字临摹得歪歪扭扭）。

（2）用橡皮擦纸的时候特别用力（比如明明擦干净了，还要擦，把纸都擦薄了）。

（3）组织能力欠缺。

（4）不能很好地认识自己的错误。

（5）握笔、写字姿势很别扭。

（6）做数学题的时候，数字不能很好地在一行中写出来。

（7）即使某个主题掌握得还不错，但测试结果仍然糟糕。

（8）不能很好地保持一条直线（比如写字不能一条直线，搭积木不能一条直线）。

如何提高孩子的视动整合能力

美国的大脑平衡训练中心（Brain Balance Achievement Center）提供了训练孩子视动整合能力的5种方法。

弹跳游戏

先让孩子使用跳绳或蹦蹦床进行规律弹跳，此时爸妈可在孩子前方拿着图卡或字卡（图卡高度必须超过孩子头顶的位置），孩子要想办法跳高，并说出图卡或字卡的名称。在此过程中爸妈可不断变换图片，或将难度调高，如变成加减法的计算，让孩子同时动脑解决数学问题。此外，若有两个孩子一起玩还可进行比赛，看谁说的速度比较快。

折纸游戏

如果孩子已经玩腻了剪纸或串珠等不断重复的手部游戏了，那么可以考虑陪着孩子一起折纸，除了增进孩子手部小肌肉和手腕的力量，也能很好地训练孩子的空间概念（可根据孩子年龄选择适合的难度）。

抓星星游戏

爸爸妈妈可在家中找一面较安全、没有障碍物的墙壁，然后将电灯关掉，使用手电筒在墙壁上打出光束（星星形状），爸爸妈妈可将星星上下左右移动，而孩子要想办法搜寻星星的位置，并且尝试去抓星星。此游戏还可训练孩子的追视能力。

丢接游戏

当孩子总是接不到较硬且小的棒球并有抵触心理时，可以试着换换种类，改变球的大小或重量，例如改成海滩球、弹跳球、气球等，或将球类换成布娃娃、沙包进行丢接。这个游戏除了训练手眼协调之外，还可以帮助孩子在丢接的过程中学习控制力量。

荡秋千游戏

当孩子在荡秋千时，先给孩子一袋小球，而爸妈站在孩子面前拿着呼啦圈并举高，孩子在荡秋千的过程中必须想办法将球扔进呼啦圈里。这一游戏除了训练孩子的视动整合能力之外，也训练了孩子的平衡、感觉统合、核心肌力以及问题解决的能力。

第二章

亲子互动，激发孩子的超强脑力

培养孩子的思维能力不一定需要在严肃的课堂里，也不一定需要题海战术，而在日常生活的亲子互动中就可以轻轻松松做到。折纸、玩迷宫、玩乐高、涂色……只要用对方法，都能激发孩子的超强脑力。

用折纸玩出创造力

有一次，我去憨憨的学校参观，看见他们教室里挂满了手工折纸作品。憨憨从上幼儿园起到小学3年级，折纸活动就从没停过，憨憨经常兴冲冲地揣着他的得意作品回家让我们欣赏。

我心里很纳闷，折纸不是平时消遣的活动吗？在学校里折纸，是不是有点儿不务正业？可是老师很认真地跟我说："折纸是STEAM课程的一部分，非常重要！"

在美国的学校里，老师也常常将折纸运用在教学中。其实，我们在家也可以借鉴这些方法，让孩子在玩中学。

用折纸教几何

折纸是最佳的几何教具。通过折纸，我们可以教孩子认识2D图形，从入门的三角形、正方形，再到复杂点儿的多边形。等训练空间思维需要认识3D图形的时候，折纸还能折出正方体、三角锥等，然后通过这些折好的作品可以教孩子认识点、面、角。

我和憨憨做的弹出式卡片，在纸上剪几刀后，展开就能得到立体图案了。

对于用折纸教几何，我认为最

神奇的就是2D平面到3D空间的转换，特别是当一张平面的纸张变成立体的几何图形时，这让孩子觉得很震撼。

用折纸提升想象力

当一个作品折出来后，孩子需要对这个作品进行理解，然后给它赋予一个名称，甚至进行二次加工和创作，这就是考验孩子想象力的过程。

有一次，憨憨的老师给他们布置了一个作业，要求他们折出一个包书角的书签，然后对这个书签进行关于彩色怪物主题的二次创作。孩子们画出来的真是造型各异，这个过程充分发挥了他们的想象力。

用折纸教分数

对于小学阶段的孩子来说，分数这个概念往往不好理解，用语言解释起来很难，但是借助折纸来理解就再容易不过了。

我当时在教憨憨分数的时候，跟他一起折了5个小圆筒，然后拿出其中的2个对他说，从5个里面取2个，这就是2/5。

憨憨学校里还有一个“做比萨学分数”的经典游戏活动，一帮孩子剪出一个比萨，平均分成几块，然后每块就是几分之一，通过这种方式孩子能很快地理解分数的概念。

用折纸锻炼解决问题的能力

美国老师特别注重培养孩子解决问题的能力，所以他们经常会给孩子布置一些任务，然后让孩子自己想办法完成。比如去图书馆找参考书、去网上搜教程、找朋友帮忙等。折纸也是老师最喜欢布置的任务之一。

有一天，憨憨的老师让学生们用纸折出一只小狗来，外形不限，自由发挥。最后，大家各自设计，做出了形形色色的作品，都非常可爱，这个过程就锻炼了孩子们解决问题的能力。

在折纸中学科学

一张纸看起来很轻薄，但经过改造能让它变得很结实，这个过程就是学习科学知识的绝佳机会。

有一天，我拿出几个硬币给憨憨，让他用一张纸在两本书之间搭一座桥，然后把硬币放在桥上。一开始，他只是把纸架在两本书上，一放硬币，这座“桥”立刻就塌了。

小家伙很疑惑，于是我把纸折成下图的样子再让他试，结果这座“桥”的承重力大大提升。爸爸妈妈们也可以再想想还有没有别的方法让纸桥的承重力提升。

将纸折叠后搭成“桥”，承重力大大提升了。

折纸是一种易于操作的常见活动，对孩子的大脑发育、思维开拓、想象力培养和数学空间感培养都有很大的帮助。

用一张白纸提升孩子的空间思维能力

你知道美国绝大多数机构的早期教育是从哪个方面入手的吗？

数字？不是！

字母？不是！

动物？不是！

根据美国最大的儿童图书出版社Scholastic的研究报告称，美国大多数机构的早期教育是从色彩和形状开始的，尤其是形状，它作为数学知识的一部分，早已被列入美国的教学大纲。

比如幼儿园时期会要求孩子能认识形状，一年级要求能组合不同形状的图形，二年级以后能够在2D图形和3D图形之间进行转换……当然，美国的数学教学要求比中国低不少，所以这里列出的相关年龄教学要求仅供参考。

下面谈谈3D形状。

3D形状太重要了，人们认知物体最早就是从3D形状起步的，看到平面图时我们得学会在脑子里还原出一幅3D图出来，包括物体的前侧、后侧、左侧、右侧、外侧、内侧，只有当这幅图能在脑中呈现，人们才能培养出良好的空间感。

认识3D图形很简单，但是如果在一张纸上画一个3D图形呢？

憨憨的美术老师在教孩子们画3D方块时，用了一套叫作等角方块的图纸来画3D图形。

上课的时候，老师会给每个学生发一张纸（见下页图），然后，老师会提供一个3D图形，孩子的任务就是通过连线将这个3D图形在纸上画出来。

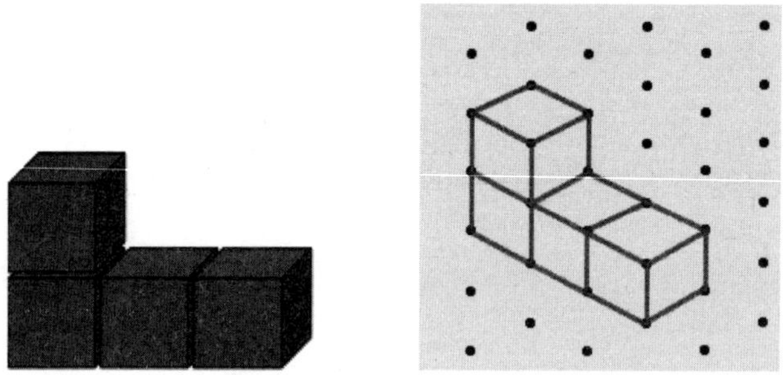

折纸可以更直观地理解2D图形到3D图形的过渡。我们平时常见的图形，其实用一张纸就能折出来了。可别小看这小小的折纸，如何通过折纸猜出最后的样子，还挺有挑战的呢！

美国有一所很不错的学校叫作Sadlier，他们给学生专门做了一套智商测验题。题目是针对美国4年级学生的，总共3道（见下图），都是猜最后折出来的3D图形的。

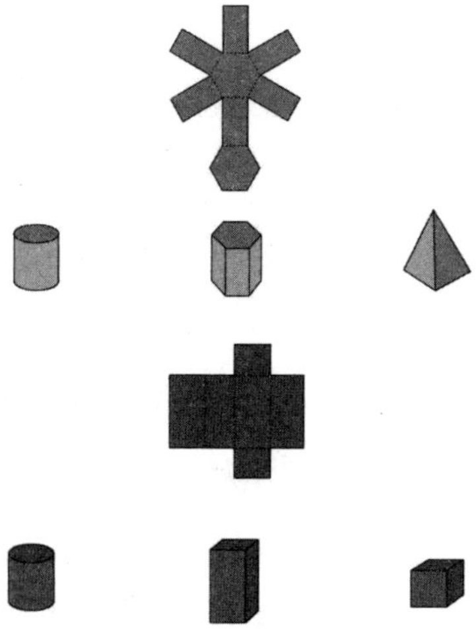

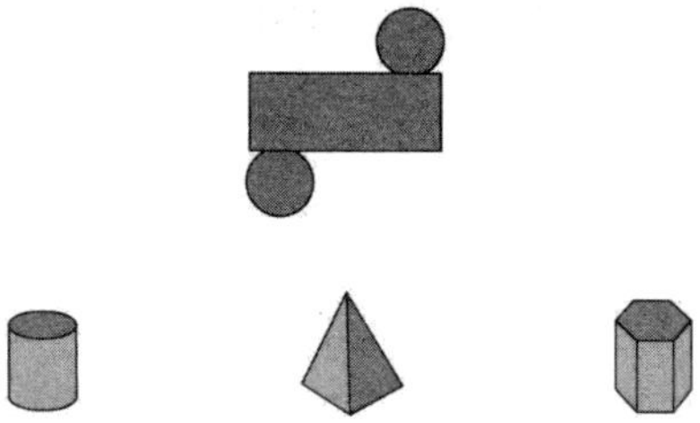

当然，如果你想和孩子亲手做一个3D图形，如正方体、圆柱体等，那么找一些模板来做会更省心。

憨爸分享

我下载过大量折纸模板和画3D模型点图的模板，在公众号“憨爸在美国”对话框发送“形状”二字，就能拿到这些模板。

涂色促进大脑产生神奇的变化

涂色就是给出一个已知的轮廓，然后在里面涂上相应的色彩。通常2～3岁的孩子就已经开始通过涂色来熟悉形状、认识数字和接触艺术了。

很多人以为涂色很简单，是小宝宝的游戏。可是，你知道吗？选择合适的图案进行涂色，这对孩子思维能力、艺术能力的培养有极大的好处。而且不同年龄的人在涂色中会有不同的领悟。

根据美国艺术治疗联盟的研究，涂色这类艺术创作对大脑的发育很有好处，它能够帮助缓解情绪压力、培养自信、管理情绪、发展社交技能。

涂色可以开拓数理逻辑思维

一般来说，涂色书只是单纯用来涂色，但如果遇到像《美丽数学》中那样的图案，就要费一番工夫了，因为这里的涂色和开拓数理逻辑思维息息相关。

模式涂色法

我们会遇到下面这样的图片，给这种图片涂色能够训练孩子的逻辑思维能力。

在涂色之前，我们首先得观察这张图片有没有规律。有时候，循环的图片规律就是一个单一的图案，比如说下面的鱼。

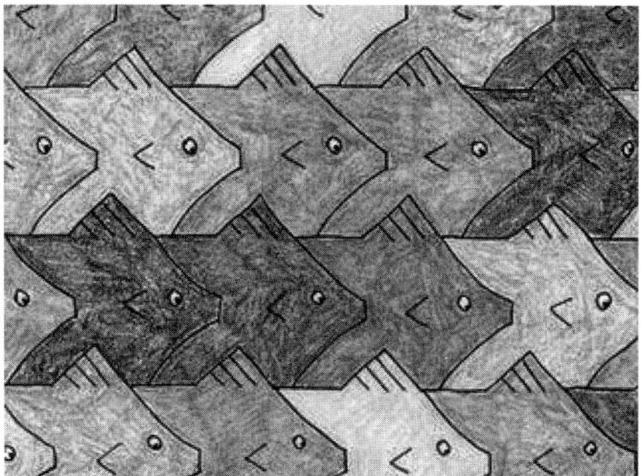

发现规律后，就很好涂色了，把这些鱼分别涂成不同颜色，最后涂出来的多彩鱼也是很迷人的。

有时候，循环的图片规律是多个图案的组合，比如说下页这张图，是两个图案一起构成了一个循环的单元。这就要求孩子找出循环的规律来。可以将两个图案涂成不同的颜色。这样整个图画就显得特别有逻辑规律了。

有时候，图中还可能出现多种规律，需要先观察，找出规律来再涂。

三维立体图涂色法

我们会遇到下面这样有三维立体效果的图片。

给这样的图片涂色，可以训练孩子的三维空间感，那这样的图片该怎么涂色呢？

对于3D图案，有的部分显示的是凸起，有的部分显示的是凹进，所以孩子首先需要找到凸起和凹进的图案，然后给凸起涂一种颜色，凹进涂一种颜色。

有的通过色彩的间隔来做出3D效果，有的图案有那种由近至远延伸的效果，这种图案一般是靠两种颜色轮流叠加而成的。

如果涂方块，那就需要给方块的三个面着色，你可以给方块的每一面涂上不同的颜色，这样一个个立体的方块就成型了。

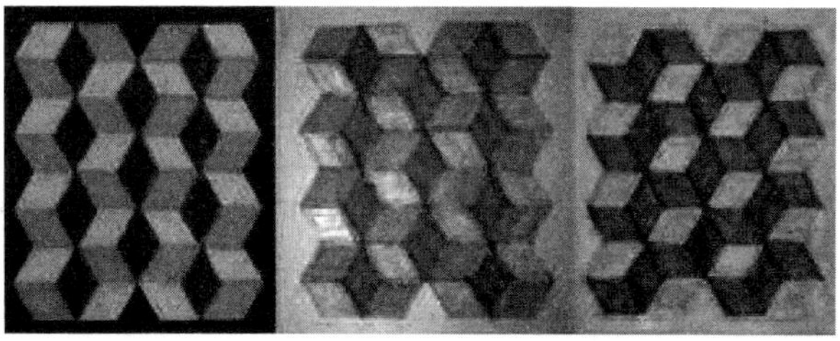

双色涂色法

我们会遇到下面这样层层环绕的图片，这样的图片有很多种涂法，有一种简单的方法就是双色涂色。从现在流行的美学观点来说，选用两种交替颜色的图案既简洁又大方，而且操作难度也不大。

泰森图涂色法

我们有时也会遇到下面这样的图片，它是由一个个气泡组成的，看似杂乱无章，这种图的涂色原则是不要将相邻两个气泡涂成一样的颜色。

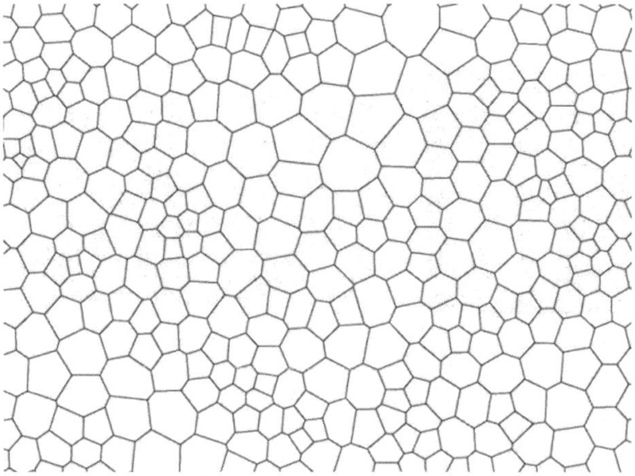

憨爸分享

从我和憨憨涂色的经验来看，不能给孩子设置涂色的标准答案，而是让他自由发挥，不过我们可以给孩子一些相应的提示，比如说告诉他找出图中的规律是什么，画这幅图怎么选基本颜色组，图中是否存在三维效果……等孩子在大脑中形成大致的图形后，他就可以开始大胆地进行创作了。

注：本文图片来自《美丽数学：一本探索数学之美的涂色书》（中国科学技术大学出版社出版，作者：Alex Bellos，Edmund Harriss）

玩迷宫是超有效的脑力操

大多数美国儿童练习册都会有迷宫的章节，因为玩迷宫可以有效锻炼儿童大脑，特别对于处在大脑高速发育期的儿童来说，更是如此。

锻炼孩子的视动整合能力

做迷宫题时，孩子需要用笔在弯弯绕绕的迷宫中画出一条路来。因为迷宫的通道往往都很窄，孩子画路线的时候就需要格外小心，一不留神就会画到外面去，这对孩子的视动整合能力是一种考验。我家憨憨一开始玩迷宫画线时就容易画歪，但是画得多了后就越来越熟练了，手眼的协调性也越来越好。

锻炼孩子制定策略的能力

让孩子玩迷宫能培养他们的多种技能，比如学会制定策略。因为在玩迷宫的过程中会不断遇到岔路口，这就需要孩子在某个岔路口进行探索，一旦不成再退回原来的地方，重新换一个岔路口来尝试。这个过程其实就是他们不断在头脑风暴，反复试错，并找准策略。

帮助孩子接受挑战

美国专门研究天才儿童的专家Darleen Claire Wodzenski说，让聪明的孩子长期维持单一的挑战欲是一件很难的事情，因为很多事情对于他们来说过于简单，做多了会觉得无聊，从而丧失继续进取的欲望。但是，迷宫完全不一样，因为迷宫根据年龄划分有多种难度，孩子会在不同的难度中持续挑战，并激发斗志。

迷宫看起来很简单，就是找到一条路从出口走到终点。但在美国老师的眼里，迷宫有不同的玩法，因为它在训练孩子大脑的同时，还可以和教学相结合。

玩迷宫要求针对孩子不同的年龄，给他们相应难度的迷宫，否则，太简单了会让他们丧失兴趣，太难了又会打击他们的信心。

1~3岁迷宫

从1岁开始，当宝宝可以握笔或者用手指涂色的时候，就可以开始玩迷宫了。这个阶段的迷宫比较简单，以卡通造型为主。

卡通造型的迷宫比较吸引孩子，而且这种迷宫一般都只有一条通路，很少有岔路，所以操作难度也不大。

3~5岁迷宫

这个年龄段的迷宫设计会紧扣各种知识点来进行，例如地图、星空、字母等，帮助孩子在玩中学习知识。迷宫开始出现岔路，稍微复杂了一点儿。

地图是这个年龄段孩子需要了解并认识的，所以关于地图的迷宫很多，有的迷宫还加入了3D的概念，这也能培养孩子的3D空间感。

5~10岁迷宫

这个年龄段的迷宫主要有两大特色。一是相对此前年龄段的迷宫变得更复杂了，二是迷宫紧密结合教学。

比如教孩子认时钟，那么就用专门的时钟迷宫来配合，这种迷宫的玩法是需要从1开始，然后像拨时钟一样，从2、3一直拨到12。

比如教孩子看地图，我们出去登山的时候，都会把地图交给憨憨，让他和小朋友们去找路，我们在后面跟着。所以，这类登山迷宫对孩子来说也很有吸引力。

很多大龄儿童喜欢有挑战性的迷宫，越复杂越好，8岁的憨憨也特别喜欢挑战难度高的。

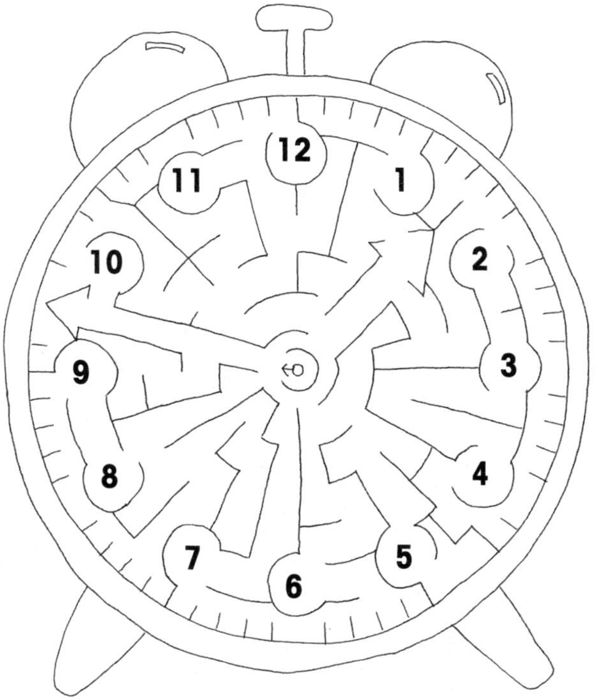

憨爸分享

憨爸整理了一套适合各个年龄段孩子的主题迷宫，很多都出自美国老师的教案，分为1～3岁、3～5岁和5～10岁3个年龄段。在我的公众号里回复“maze”即可获得资源。

用解谜题训练大脑

一天，和憨憨一起吃饭的时候，我突发奇想，对他说："咱们今天玩破案的游戏吧！""破案？"憨憨瞬间兴奋起来，三口两口就把饭吃完了，然后乖乖听我念题目，听完题后，他更兴奋了！

我问了憨憨两个题目，第一道题他瞬间回答出来了，第二道题他先是纠结了一阵，然后才恍然大悟。下面便是我给憨憨出的题。

交朋友

有个小朋友叫Jerry，他不爱交朋友，新学期开学的时候，妈妈特别嘱咐他一定要认识一些新朋友。

Jerry回家后对妈妈说："我认识了3个新朋友！"

妈妈问："你这3个朋友都叫什么名字啊？"

Jerry想了想说："3个朋友分别叫作Rachael、Jack和Charlie，Rachael比Jack高，Jack比Charlie高，而Charlie比Rachael高。"

妈妈听完后，沉默了一会儿，说："Jerry，告诉我实话吧，你并没有交到新朋友！"

为什么妈妈会认为Jerry在说谎呢？

《哈利·波特》书签

有两个孩子，一个叫Tom，一个叫Mike。Tom有一张非常喜爱的书签，平时放在他的《哈利·波特》书里面。

有一天，Tom突然发现自己的书签不见了，于是问Mike："你看见我的书签了吗？"

Mike说："我把你的书签放在了《哈利·波特》书的第13页和14页中间了！"

Tom想了想，说："Mike，你在撒谎！"

为什么Tom说Mike在撒谎呢？

解谜题对孩子的智力开发是很有好处的，美国有一种传统的儿童游戏，叫作折磨大脑（Brain Tease）。其实就是给出一些智力题目，考验孩子的反应力、观察力和智商，而解谜题就是这类游戏的一种。

谜题的魅力在于，它将数学、科学、语言等多个学科融合在一起，借助日常生活的实例展现出来。

比如说第一道题其实就是一道数学题，因为Rachael比Jack高，Jack比Charlie高，那么Rachael一定会比Charlie高，这就是数学中一个大小传递的概念，孩子画张图，把3个人的身高一一罗列出来，就能发现问题所在了。

而第二道题是一道生活常识题，一般来说，书上的每页纸正背面分别是奇数页和偶数页，所以书签不可能夹在同一页纸里。

儿童往往无法抗拒谜题的魅力，因为谜题是用故事的形式来呈现，将一些小常识融入故事里，吸引着孩子去探索。

要知道，儿童的探索欲是最强烈的。斯坦福大学的心理学教授Carol Dweck在她的著作中说："处于大脑发育期的儿童特别愿意接受挑战，即使他们失败了，他们也相信下一次一定会成功，在这一过程中，大脑会随着他们的努力思索而不断发育。但是如果孩子大了，一旦陷入一种思维定式，认为有些东西自己搞不定，从而放弃努力，大脑的发育也会随之停滞。这也是婴幼儿的大脑发育速度特别快的原因，因为这个年龄的孩子特别愿意挑战自己，而很多大龄儿童开始逐渐丧失挑战的勇气。”

解谜题就是让孩子不断挑战自己的智商和认知，从而促进大脑更好地发育，这也是解谜题能在美国孩子中如此流行的原因。

用乐高积木玩出脑力大爆发

我和憨憨经常用乐高玩迷宫游戏，比如，我们曾用乐高搭了一个滚球迷宫。这个游戏一共分为两部分：一部分是迷宫本身，我用不同颜色标示出起点和终点，黑色表示陷阱（球滚进去就输了），灰色凸起部分是迷宫的墙。另一部分是乐高迷宫的操作台，一共有两个操纵杆，分别负责将底盘倾斜不同的角度，这样就能实现球向不同方向的滚动。游戏的目的就是让球从起点滚到终点。

操纵杆的实现原理如下：

将一系列的连轴和操纵杆相连接，通过转动操纵杆，从而拉动连轴并带动底盘的倾斜。最后将乐高迷宫放在操作台上，转动操纵杆，球就能滚起来了（见下图）。

玩迷宫的好处

我们用乐高玩迷宫的创意来自憨憨。有一天，我发现憨憨在家里用贴纸在地上布置了一个很大的迷宫，有岔路、有桥梁、有山洞。

我尝试着用弹珠在他设计好的轨道上滚，发现设计迷宫还真不是一件容易的事情。首先，你需要脑子里有个全局图，知道入口在哪儿，出口在哪儿，道路的主线是什么；其次，当主线明确后，你需要根据这个主线设计一些岔路，有些岔路可以绕远，有些岔路就是死路；最后，你要走一遍迷宫，也就是检查还有哪里设计得有问题，如果有问题那就需要修正。

在这个过程中，孩子的逻辑思维和空间思维得到了锻炼。此外，设计这么一个迷宫，憨憨一个人坐在地上捣鼓了1个多小时，这对专注力培养也很有帮助。

怎么用乐高玩迷宫

平面乐高迷宫

很多孩子都非常迷恋迷宫，爸爸妈妈在和孩子一起设计迷宫时，不妨使用乐高积木，这是一个非常棒的工具。很多人家里都有零散的乐高积木，配合乐高底板（乐高底板有很多种，简单的迷宫可以从16厘米×16厘米的底板入手，如果稍微复杂点儿的话，32厘米×32厘米会更加适合），很容易就能制作出一个简单的乐高迷宫。

迷宫拼好后，配上弹珠就能玩了。

垂直乐高迷宫

平面迷宫还可以拓展到垂直空间，将几块底板垂直地贴在墙上，将弹珠放在最上端的入口，随着重力的作用，它会依次往下滑。最有意思的是，还可以在里面设置一些转盘、弯角、桥洞之类的。通过计算轨道，滚珠滚下来的时候不仅可以改变方向，而且还会拉动机械连轴转，非常有趣。

在家也可以带孩子学乐高

有个朋友带3岁宝宝去乐高培训班试听了一堂课，回来后，她跟我说了两点：一是学费贵，一年的学费动辄上万；二是教的东西看起来很简单，感觉在家也能教。

问题来了：这么贵的乐高培训班是否值得上？如果不报班，在家怎么教孩子玩乐高？

美国和中国一样，也有很多乐高培训班，我曾去考察过几家。我有位朋友是哈尔滨一所乐高培训机构的老师，她给我分享过很多教乐高的心得。下面我将中美两国关于乐高培训的内容进行一下对比，来看看乐高培训班会教些什么，如果想在家里教应该怎么教。

不同年龄的孩子玩乐高有不同的特点

乐高课不是一个单一的课程，而是融合了生物、物理、机械、数学、几何、电子、工程、艺术、建筑等学科知识的一个综合体，我们经常会听人说“STEAM教育”这个概念，而乐高课可以说是很好地诠释了STEAM教育的理念。

不同年龄阶段的孩子，对于乐高课有不同的兴趣点和需求，所以乐高课很讲究循序渐进。

比如说同样是搭一个迷宫，年龄小的孩子搭出来的通常是平面迷宫，等年龄稍微大一点儿，他们有了空间概念后，就会往立体方面发展。等孩子年龄再大一点儿（8岁左右），他们开始痴迷于机械、轮轴，迷宫就会往机械化发展。每个阶段的孩子，乐高学习的重点都不一样。

3~4岁的孩子

3~4岁孩子的发展特点是开始通过五感（形、声、闻、味、触）了解身边的一切。他们开始以自我为中心，在游戏的过程中，慢慢地认识、了解身边的一切事物，所以这个阶段的乐高引导会以孩子身边的环境和他们这个阶段所感兴趣的事物为主题。可以引导孩子们搭动物，搭海洋和鱼，搭汽车和飞机。

这个阶段的孩子需要开始培养基本的社会技能，其中非常重要的一点就是学会认识自己的情绪。有个经典的乐高活动就是让孩子搭一个表情并模仿此表情。比如可以让孩子搭一个高兴的表情，也可以搭一个俏皮的表情。

这个年龄段的孩子可以灌输一些数学的基本概念，比如颜色、形状、数字、规律等，乐高是一个非常棒的载体。比如利用乐高来教数数时，可以将数字写到乐高积木上，从1排到100，还可以认识颜色、形状等。

5~6岁的孩子

这个年龄段的孩子手部精细动作及手眼协调能力渐入佳境，他们已经不再满足于认识事物表面的形象和功能，而是开始萌发探寻世界的好奇心。所以这个阶段可以结合车轮、齿轮、转轴等进行引导。

比如搭一辆摩托车，这辆摩托车有一个转轴，通过方向盘可以控制前轮的转动。还可以搭一个机器人，机器人的手臂通过转轴和齿轮来带动。

通过乐高逐步引导这个阶段的孩子学一些物理知识。比如搭建一个跷跷板，教给孩子平衡、杠杆的概念，相同重量的物体，谁距离中心的杠杆越长，谁就越会往下沉。再比如做一个轨道，这就是关于重力的物理知识。在重力引导下，车子会从高处开往低处。

这个年龄的孩子也会用乐高搭建身边所见的事物，但是他们在找准事物宏观特征的同时，还会更关注细节。在搭建大桥时，他们会抓住桥梁的特征，如有几个桥墩，桥梁下面的弧线造型等。在搭建建筑物的时候，孩子会对结构、承重有更深刻的认识。

我曾经和憨憨做过一个游戏，我们比赛用乐高搭一座桥，只有两个桥墩，然后往桥上放重物，看谁的桥承重更大。如果你和孩子没做过这个游戏，不妨试试看，想搭一座坚固的大桥很不容易呢！

这个年龄段的孩子还可以用乐高来做一些数学训练，比如加减法。我还看过用乐高来教分数的，当然对孩子来说难度有点儿大。

7岁以上的孩子

7岁以上的孩子已经不满足于简单的拼搭了，他们喜欢更酷的创意，比如增加马达可以转动，通过编程可以遥控。这个阶段的乐高教学会逐渐引入机器人的概念。

针对机器人，乐高公司推出了两个系列的套装，一个是针对7 ~ 10岁孩子的WeDo 2.0，另一个是针对10岁以上孩子的Mindstorms EV3，当然年龄仅供参考，有的父母或者机构会在孩子8 ~ 9岁时直接学习Mindstorms EV3。

这两个套装的共同点是都配有马达、电池等一堆组件，还有iPad或者电脑对应的编程软件，可以对机器人进行编程和遥控，只不过后者更加复杂，比如会增加声控、移动感应、工程机械等功能组件。

利用WeDo 2.0搭出来的机器人，会安置一个电池和马达，可以通过iPad进行遥控和编程，最后就能做出形形色色的机器人了。Mindstorms EV3的结构复杂很多，有一个中心控制器，控制器上有输出口，从而控制机器人的各种动作。

要不要上乐高培训班

回到最初的问题——乐高培训班，要不要给孩子报名呢?

我计算了一下，我们这边上乐高课，一节课至少需要30美元，如果一周一节课的话，一年就是52节课，52×30＝1560美元，折合人民币1万多元。

我刚买了Lego Mindstorms EV3的套装和一本Lego Mindstorms EV3 Discovery Book（EV3的工具书），前者将近400美元（含税），后者将近40美元（含税），两个加起来也不过440美元，折合人民币3000多元，价格比培训班便宜很多，而且学习效果不比培训班差（当然前提是家长愿意学）。

对于我来说，我愿意挤出时间自己研究然后教孩子，所以我不会给孩子报班。如果你愿意奉献时间的话，那么你也可以买套装，找教材自己教；如果你没有时间而且经济条件允许的话，那么培训班会是一个不错的选择。

用游戏轻松激发孩子的创造力

过去，很多家长都将网络游戏视为洪水猛兽，事实上，那些专为儿童设计的益智网络游戏，对孩子获取知识、开发智力等都有一定的裨益。不过，因为孩子的自控力比较差，所以玩网络游戏最好还是在家长的引导和监督下进行。

我和憨憨曾经玩过一款叫作纪念碑谷（Monument Valley）的游戏，这个游戏曾获得2014年度苹果设计奖和最佳iPad游戏的提名。这款游戏在苹果商店能搜索到。我个人认为，3岁以上的孩子就可以玩。

儿童的创造力

这个游戏的魅力就在于其中的空间矛盾。我和憨憨一起玩这个游戏的时候，我们领悟到的内容是完全不一样的。我发现自己的反应竟然比孩子慢一拍，因为我想当然地会用常理来衡量图中的内容，比如说图中（见下页图）看似上下两层的结构，我就不太能接受，而事实上只需要转动一下可以变成一层。

但憨憨并不像我这样有思维上的限制，他只是按照自己所能理解的、最直观的方式来看问题，不就是转动一下转盘，让不一样的路连接起来吗？多简单啊！

随着年龄的增长，对外界事物不断产生新的认知，人们慢慢会陷入思维局限中，有创造力的想法越来越少，而人们会逐渐适应这个局限，不会想去突破它。

记得憨憨的老师曾经要求小朋友们各自画一幅画，讲讲他们想发明什么东西。

憨憨画了一个时空机器，在他的设想里，这个机器可以随时随地把空气中的雾霾转化成能源，然后将人们送到任何想去的地方。

看到憨憨的画时，我心里不由得一阵感慨。记得我年幼时，也有着像他一样天马行空的创意，但如今的我断然不会想到做什么时空机器，因为总觉得这太不科学、太不现实，不是吗？

当我们习惯于在自己的思维框架内考虑问题时，我们无形中已经把自己的很多想法都否定了，既然自己都否定自己了，那么我们曾经的梦想，又怎么可能实现呢？

我们经常在讨论天才，比如乔布斯是商业天才，爱因斯坦是科学天才，达·芬奇是艺术天才……我们很羡慕这些天才的非凡智慧，但如果仔细研究这些天才，你会发现，他们都有一个共同点，那就是不拘一格的创造力！

记得乔布斯刚推出第一代iPhone的时候，很多人觉得上网就用电脑，打电话就用手机，听音乐就用MP3，而把这三者结合起来简直是不可能的事！

可是乔布斯偏偏跳出了一般人的思维框架，将上网、打电话、听音乐三者完美地结合在了一起，这才成就了苹果公司的辉煌。

创造力的消失

创造力不是天才的专利，其实每个人从小都有。爱因斯坦就曾经说过，如果学习相对论，儿童的接受程度会超过他，因为儿童的思维是不受约束的，他们的创造力也是无限的。

为什么创造力会在孩子身上慢慢地消失呢？

我讲一个亲身经历的小故事。有一次，憨憨的外公和憨憨比赛画画，他们画的是花，结果外公画的是标准版——一朵小红花再加两片绿叶子，而憨憨画的是拟人化的花朵。然后外公就开始纠正憨憨了，说：“你这不对，花朵怎么可能有眼睛和嘴，哪个植物长成这个样子？”

憨妈笑着批评她爸说：“还是让孩子发挥自己的创造力吧！”

孩子的创造力常常是在不知不觉中被大人用固有的思维给磨灭了。不是孩子不够聪明，而是我们大人不懂得如何保持和激发孩子的创造力。

激发孩子的创造力

回到我推荐的纪念碑谷这款游戏，其实这款游戏的诞生与一位伟大的画家有关，画家的名字叫作M.C.Escher，他凭借非凡的创造力创作了很多空间矛盾主题的作品。

比如下面这幅作品，你觉得哪边是矛盾的呢？

反映空间矛盾的画作

其实，要想激发孩子的创造力，可以多给孩子看一些脑洞大开的作品。

我带着憨憨看了几幅这样的作品后，有一次憨憨突然激动地说自己也要创作一幅画，待他画出来一看，是一幅水的倒流图（见下页图）。

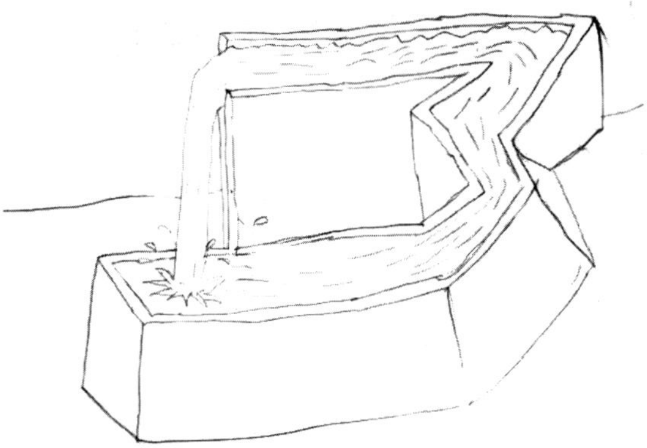

憨憨画的河水倒流图

每个孩子都有无限的潜能，身为父母，我们需要更多地了解孩子、提升自己，这样才能更好地激发孩子的创造力。

用游戏来帮助孩子学习地图技能

有一次，憨憨从学校里带回一些作业，都是关于地图的内容，他跟我说："最近老师在训练我们的地图技能（Map Skill），很有趣呢！"我当时就笑了，不就是地图吗，能有什么好训练的？

后来我咨询了憨憨的老师，才了解到，原来在美国教学系统里，地图技能非常重要，属于数学和社交技能中的一个交叉教学点。

儿童成长认知过程中，有一项叫作视觉素养（Visual Literacy）的指标很关键，这个指标指的是孩子能够通过大脑解码眼睛所传来的图像，并且理解图像的含义，从中提取出有用的数据源，比如坐标、位置、物体等，而地图技能正是视觉素养中不可或缺的一部分。

如果缺少这种图像解析的技能，不仅会严重增加孩子学习的难度，还会对其生活能力造成不小的影响。

说到学习地图技能，很多父母有个误区，以为孩子只要会看地图就行了，其实不然。地图技能是一个很复杂的知识点，融合了方向、坐标、角度等诸多概念。

认识方向

要学地图技能，首先得学会看指南针，掌握东、南、西、北4个方向，以及延伸出来的东南、东北、西南、西北这4个方向。

这里有个有趣的寻宝游戏，爸爸妈妈可以跟孩子一起玩。这个游戏能帮助孩子认识方向。

寻宝游戏

（1）做一个宝藏盒，将它藏在一个地方。

（2）选择一个孩子做“海盗”，将其眼睛蒙上，并配合指南针让他面向南方。

（3）另一个孩子扶着“海盗”，并告诉他具体路线，比如，转向东边走两步、转向东北走4步，直至找到宝藏。

认识坐标

坐标有两种：一种是类似于国际象棋那样的标志区域，在这种坐标下（见下图），横轴和纵轴形成的方块代表一个区域，比如A1表示一座房屋，A3表示一所学校等。

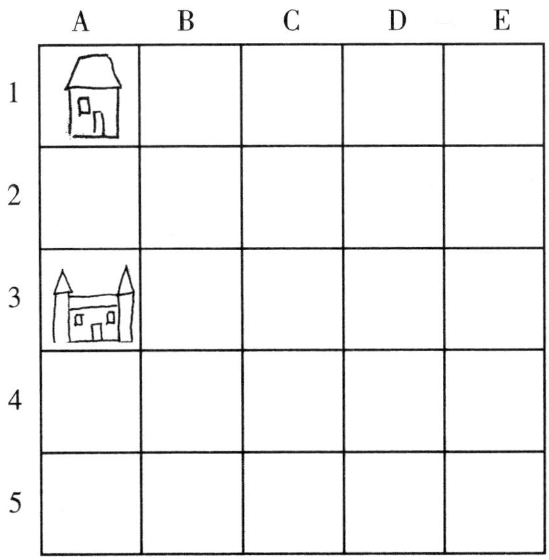

另外一种坐标类似于中国象棋那样的点阵，在这种坐标下（见下图），横轴和纵轴交汇的点代表一个位置，比如（2，4）表示一所学校，（8，2）表示一个风车等。

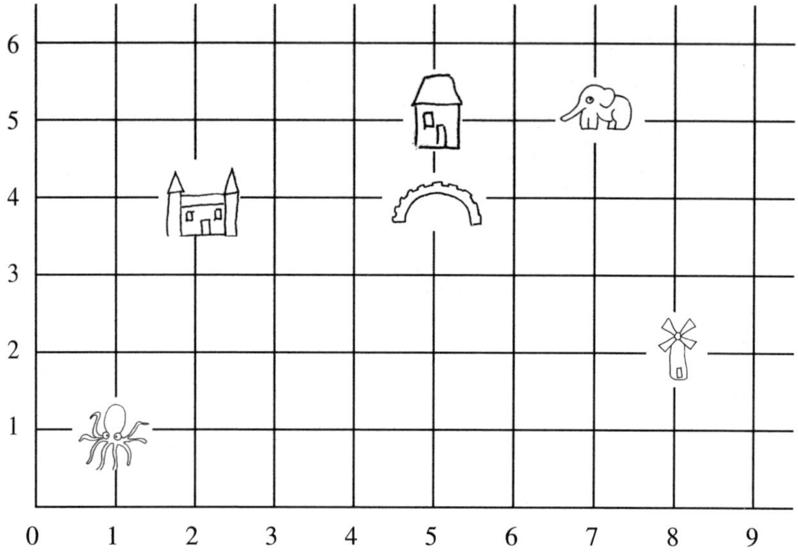

学习坐标也可以一起玩一些有趣的活动。

区域坐标

•制作一张坐标图，横轴是字母，从A开始排列，纵轴是数字，从1开始排列。

•在地图上每一个格子里倒扣一个空杯子，并选其中一个空杯子放一颗糖。

•让别的小朋友来猜这颗糖在哪里，他必须用坐标的形式来说出位置，比如C2、A1等。当他说的位置正确时，回答“hot”；当说的位置距离正确位置只有一个杯子距离时，回答“warm”；当说的位置距离正确位置很远时，回答“cold”。反复猜，直到找到糖果。

点阵坐标

•制作一张点阵图，横轴和纵轴都是从0开始的数字。

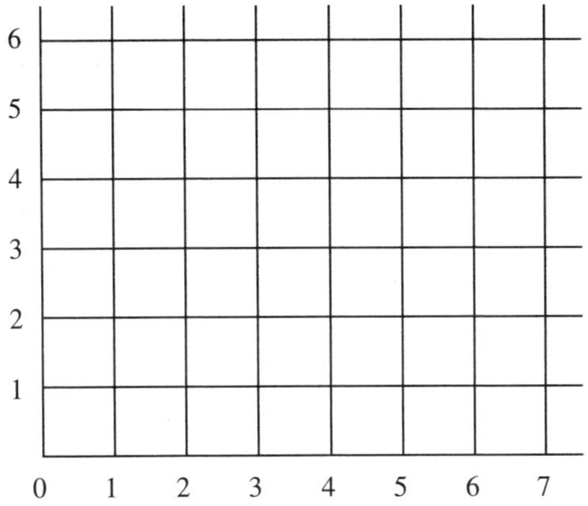

•游戏支持两个玩家，第一个玩家开始扔骰子，比如他得到的点数是2和4，那么他可以选择将棋子放在（2，4）或者（4，2）上面。

•下面轮到第二个玩家，他也根据骰子数值，选择一个空位置放置棋子。

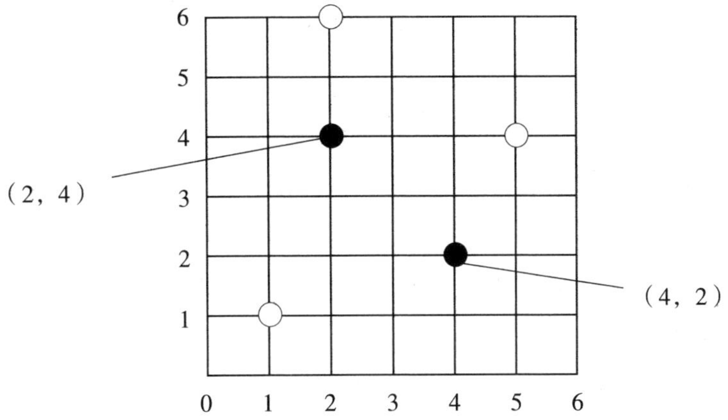

•每次放棋子的时候，如果这个棋子只有单独一个（不成线），那么得1分；如果2个连成线，那么得2分；如果4个连成线，那么得4分。

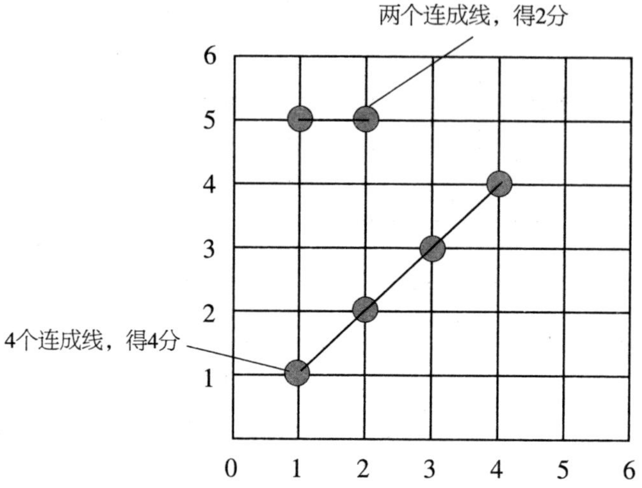

•等大家各自走完12步后，计算总分，得分高者获胜。

这两个游戏能帮助孩子学会认识坐标，并通过坐标来熟悉地图的位置，从而对地图有了一个量化的概念。

认识角度

角度是地图里一个很重要的概念，比如说东南方向45° 角，孩子就得知道那是什么方位。当然角度讲起来很复杂，一开始可以从直角、锐角和钝角说起。可以和孩子一起玩下面的游戏活动。

•制作代表直角、锐角和钝角的卡片，每种准备6张。卡片背后可以画成小鱼或小虾的形状，增加趣味。

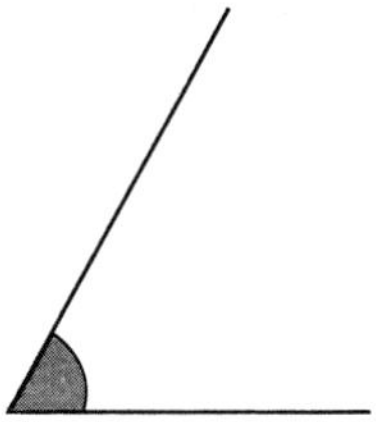

锐角

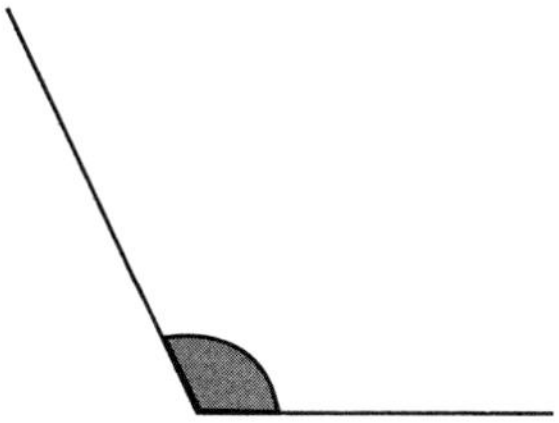

钝角

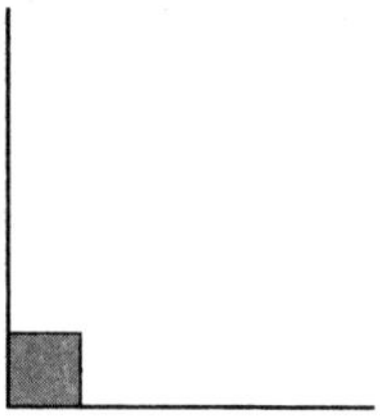

直角

•将卡片都反过来放在地上（就像在鱼塘里一样），两个孩子每次轮流抽2张卡片，如果2张都是相同的角，比如都是锐角，则将卡片收走；否则再将卡片反过来放回去。

•等地上的卡片都光了后，统计卡片数量，数量最多者获胜。

这个活动不仅能帮助孩子理解角度，而且还能训练记忆力。

父母有多大创造力，孩子读书就有多少领悟力

自从美国社交网站Facebook的创办人扎克伯格在Facebook上晒出给女儿读书的照片后，他所推荐的《宝宝量子物理学》绘本瞬间就火遍了朋友圈。在那段时间，妈妈们在公众号后台跟我打招呼是这样的：

憨爸，你好！请问怎么买《宝宝量子物理学》……

可是等到这套绘本正式发售后，我收到的留言又变成了这样：

憨爸，你好！《宝宝量子物理学》读不懂啊……

为什么会这样呢？因为我们传统意义上的绘本大多都是讲故事的，讲故事的绘本读起来一般有三重境界。

> 故事类绘本阅读三重境界
>
> 第一重，爸爸妈妈照着书读。
>
> 第二重，让孩子学会预测情节。美国人在训练孩子阅读能力的时候，专门提出了一套理论叫作“Guess what's next”，就是猜猜后面发生了什么事情。通过这种方式训练出来的孩子，他们阅读的时候都会带着问题去读，这样可以增强他们对这本书的理解，阅读并消化这本书的速度也比别人快。
>
> 第三重，让孩子复述。这其实是在训练演讲能力，复述的时候一方面是在考察孩子对这本书的理解程度，另一方面是锻炼孩子的口语表达能力。

憨憨的老师就经常布置这样的演讲作业，老师要求孩子选择一本书，读完后在课堂上做一次演讲，和别的小朋友分享这本书的阅读心得。

上面的三重境界都是针对故事类绘本的。可是除了故事类的绘本，还有一类绘本是非故事类的。如果有机会去美国图书馆转一下，你会发现，书架上陈列的绘本通常分为故事类和非故事类，非故事类主要包括科学、数学、自然、艺术等。

科学类绘本的阅读方式和故事类绘本就有很大不同，因为它没有情节。以《宝宝量子物理学》绘本为例，它开篇就讲，这是一个球。

此时，你让孩子预测情节，他哪儿知道后面讲什么内容呢？

非故事类绘本的主旨就是讲知识，对于这种书，父母需要把文中的知识点总结出来，并通过测验、图表，甚至实验等方式来加深孩子对这些知识点的理解。

科学类绘本阅读三重境界

第一重，爸爸妈妈照着书读。不过我们可能会发现，书上每个字都认识，但读完之后发现什么也没读懂。

第二重，边读边提问。比如读到某个知识点的时候，有意识地问孩子一些问题，或者给他讲一些延伸的知识，开拓他的思维。

第三重，知识点总结。问问孩子文中某个知识点到底是什么意思，或者做一些小实验，加深孩子对于知识点的理解。

习题法

下面以《宝宝量子物理学》中的《宝宝的量子信息学》为例，看看知识点是怎么延伸的。

这本书的主要内容是，传统的计算机是用二进制来存放数据的，但带来的问题是容量有限，所以学术界就提出了量子的概念，量子能存海量的信息。

很抽象是不是？那么可以通过下面这些问题来引导孩子理解。

如果存放1个球的颜色需要1 bit，存放2个球的颜色需要2bit，那么：

•存放3个球的颜色需要几个bit？存放5个球的颜色需要几个bit？（难度指数：★）

•存放50个球的颜色需要几个bit？存放100个球的颜色需要几个bit？（难度指数：★★）

•如果有3个bit，可以存放几个球的颜色？有5个bit，可以存放几个球的颜色？（难度指数：★）

•如果有50个bit，可以存放几个球的颜色？有100个bit，可以存放几个球的颜色？（难度指数：★★）

•每个球只能存在红蓝两种颜色，如果有100个bit放100个球，问这100个球中，最多有几种颜色？最少有几种颜色？（难度指数：★★★）

上面这些问题，其实也就是二进制的基本雏形。

图表法

下面再看看《宝宝的量子纠缠学》。

这本书的主题是，一个微粒可以分解成两个一模一样的微粒，就像孙悟空拔根猴毛就能变出一只和他完全一样的猴子。

我们在读这本书的时候，可以提问孩子下面这些问题。

•如果爸爸有个盒子，宝宝有个盒子，两人盒子里放的球颜色都一样，那么打开爸爸的盒子发现球是红色的，那么宝宝盒子里的球是什么颜色的？（难度系数：★）

•如果有4个球，2个红色，2个蓝色，任意摸出2个球分别放到爸爸和宝宝的盒子里，最后外面剩2个红色球，问爸爸和宝宝盒子里的球分别是什么颜色？（难度系数：★）

•爸爸和宝宝盒子里的球颜色一样，妈妈和奶奶盒子里的球颜色一样，但是妈妈和爸爸盒子里的球颜色不一样，那么宝宝和妈妈盒子里的球颜色一样吗？宝宝和奶奶盒子里的球颜色一样吗？（难度系数：★★★）

•如果1个红球分解成了2个红球，然后其中1个红球再分解一次，变成了2个红球，那么现在一共有几个红球？（难度系数：★★）

•如果1个球分解成了2个球，分解出来的2个球又各自分解成2个。请问，这两次分解过后，总共有几个球？（难度系数：★★★）

•继续上一个问题，如果分解第三次，每个球还是分解成2个，那么最后有几个球？如果分解第四次，最后有几个球？（难度系数：★★★★★）

实验法

我们还可以通过实验的方式来加深孩子对绘本的理解。比如《宝宝的光学》这本书介绍了光的折射、反射等基本的物理概念，为了帮助孩子理解，我们可以和孩子做一个有趣的小实验。

做两个大小和方向都一样的箭头，前面放一个空杯子。然后在杯子里缓缓注水，等水将最下方的箭头盖住时，你会惊奇地发现，箭头竟然“蹭”的一下换方向了！这就是源于光的折射原理。是不是很神奇呢？

通过这种方式教孩子读绘本，你一定能培养出一个爱动脑筋的孩子。

用概念类绘本激发儿童的创造力

憨憨一年级的时候，我去学校开家长会（美国家长会一般都是家长和老师一对一的形式），当时我向老师提了一个问题："怎样可以提高憨憨的语言能力和学习成绩？"

老师回答："当然是增加阅读啦！"

一听阅读，我就乐了，说："憨憨的阅读数量那绝对不少，什么*I Can read*系列、小猪小象系列（*The Piggie and Elephant*）、苏斯博士系列（*Dr. Seuss*）……"

老师也笑了，说："你让孩子读的那些都是故事类绘本，如果希望孩子的阅读能力更上一层楼，就得让孩子多接触非故事类的绘本，特别是概念类绘本。概念类绘本对孩子的语言发展、学科学习十分重要，还能扩充他们的知识面，激发他们的创造力。"

概念类绘本是什么呢？

接下来，老师给我普及了一下概念类绘本的常识，然后说硅谷的小学一般要求学生多读这类绘本以增长孩子的知识，并提高创造力。

家长过度注重故事类绘本

在我们社区的图书馆，儿童绘本分为故事类和非故事类两大类。每次去图书馆，憨憨第一时间就会跑到故事类的书架下读得津津有味，非故事类的书架却很少光顾。

自从老师跟我谈过阅读的问题后，我也开始留心观察，我发现其实不光是憨憨，大部分孩子和家长也都是这样，每次借书，大伙手里捧的都是厚厚一摞故事类绘本。

为什么家长和孩子都偏爱故事类绘本呢?

因为故事类绘本里都有一个主角，而主角的角色发展就会引出一段故事，孩子读起来会觉得非常有趣，家长给孩子讲故事也很轻松，一个故事讲完，还可以延伸出很多讨论的话题，比如发生了什么故事？谁做得对？学到了什么？

非故事类绘本包括概念类绘本、人物传记、艺术等，读起来远没有故事类绘本那么轻松，特别是概念类绘本，介绍的往往是数学、科学、历史等方面的知识，没有故事情节，甚至没有故事人物，远谈不上生动有趣。如果没有家长适当的引导，孩子看了之后会觉得索然无味。而家长看了之后，感觉就是一个个枯燥的概念，也不知如何讲给孩子听。

概念类绘本的重要性

概念类绘本往往描述了一类物体或者一些抽象的概念。比如说介绍汽车，概念类绘本会着重讲汽车的构造，如车轮、方向盘、引擎等，注重讲解科学知识。而故事类绘本则会将汽车拟人化（如《汽车总动员》），注重的是讲述一个故事。

概念类绘本一般分为下面几种：

数学类概念绘本

这类绘本都是围绕一个个数学主题展开，有的讲形状，有的讲逻辑规律，有的讲计算，有的讲数数，比如*My Path to Math*系列就是这类绘本的代表。

我并不喜欢那种大而全的教科书，因为一旦教科书覆盖的知识点太多，它就很有可能每个点都讲得不是太细，这会导致孩子一知半解。

因此，选择一些数学专题类的绘本就显得格外重要了。比如我给憨憨讲图形移动，因为涵盖了平移、翻转、旋转、对称等好几个知识点，我用*My Path to Math*系列中的*Slides,Flips,And Turns*，这套概念绘本就可以将这些知识点分析得很透彻。

科学类概念绘本

科学的范畴很大，包括化学、物理、机械、天文等，这类绘本往往是瞄准一个个小领域来展开。比如*Basher*系列就是其中的佼佼者，每本都在讲一个小知识点。我给憨憨借过*Basher*系列的很多书，小到分子、原子、元素周期表，大到星球、银河系、太空，这套书都有涉及。

另外，还有一套名为*ME*的科普书也非常好，在美国很畅销，它用轻松的画面和语言给孩子讲解了测量、身体、时间、地图、家庭、太空等概念。

记得有一天我带憨憨去体检，他看到医院里挂着一个人体模型，便很兴奋地盯着模型给我指人体的各个器官。这些知识都是他从*ME*那套书里自己学到的。

阅读科学绘本，孩子不仅扩大了知识面，而且还因为接触的东西多了，他们的好奇心和创造力也随之大大增强。

有一天，憨憨读了一本关于风的概念绘本，他就突发奇想，琢磨着能否做一个风向标来测风向，于是我们就用吸管、竹签、纸片做了一个。当刮风的时候，这个手工制作的小风向标还真的能帮我们指明风向。

历史地理类概念绘本

这类绘本往往是从历史或者地理的角度展开，每本书讲一个历史人物或者一个地理知识。比如我们有一次去夏威夷之前，给憨憨借了一堆关于夏威夷风土人情的绘本。还有一次憨憨要做一个关于达·芬奇的项目，我们就给他借了介绍达·芬奇的绘本。

这些绘本能帮助孩子了解地理、接触历史，极大提升他们的人文修养。

如何引导孩子读概念类绘本

概念类绘本因为缺乏情节，趣味性会比故事类绘本差一些，所以父母的耐心和知识面将决定孩子对这类书理解的程度。

关于如何引导孩子阅读概念类绘本，儿童教育专家Anat Ninio和Jerome Bruner特地提出了一个程式化对话（Ritualized Dialogue）的概念，即采用交互的方式让父母和孩子互动起来，一共分为4个步骤。

> 亲子阅读中程式化对话4步骤
>
> （1）“Look”，首先说一声“Look”来吸引孩子的注意力。
>
> （2）“What's that？”然后开始提问：“那是什么？”
>
> （3）“It's a ___.”让孩子回答。
>
> （4）“Yes”，当孩子给出答案后，父母提供正面的反馈，经常加一些诸如“Good”“Great”“Awsome”之类的词语尤为必要。

爸爸妈妈们可以把上面的英文根据说话习惯转换成中文。

对婴幼儿来说，他们的语言能力有限，父母需要提供一个大的框架，让孩子在里面填字。孩子长大一点儿以后，随着他们语言和思维能力的提高，父母就可以基于这个框架，多问孩子一些问题。

比如我给憨憨读*ME*系列的*Counting Time*这本书，有一页讲了分和秒的概念，我打开计时器，让憨憨眨了下眼睛，并给他计时，然后问："看，眨一下眼睛是几秒钟啊？"

憨憨看了计时器，答："1秒。"

然后指着一张图片，问："你能数一数图中有几个图案吗？"

"1、2、3……"他挨个儿数下去，"一共60个！"

"太棒了！如果我画一个图案需要1秒钟，那就表示我画完图片中的所有图案需要60秒，"我进一步延伸，"其实60秒又等于1分钟，你看是不是这样呢？"

我拿出钟表，和憨憨一起计算秒针的跳动，以了解观察秒针和分针的关系。当憨憨发现60秒到了后，分针会增加1的时候，他激动地叫了起来："真的，太酷了！"

和孩子共读概念类绘本很考验父母的功力，如果想让孩子最大限度地理解绘本，我们需要遵循以下3个原则。

一是尽可能多地和孩子进行交互活动，多提问，多回答。

二是利用实验、视频等辅助手段，帮助孩子理解其中的知识点。

三是发挥创造力，进行知识点的延伸。

第三章

从小学编程，培养孩子的思考能力

在美国，编程是中小学教育中非常重要的内容，而且编程教学也有逐渐低龄化的趋势，甚至有很多相关书籍面对2岁左右的孩子。让孩子从小就学编程，其目的也是训练孩子的思维能力。

2岁学编程，从培养孩子结构化程序设计的思维开始

自从美国前总统奥巴马要把编程纳入中小学的教学体系后，美国编程教学低龄化的趋势非常明显，现在有越来越多关于编程的书籍、玩具、APP都开始面向2岁左右的儿童。我看了很多美国主流的儿童编程启蒙图书后发现，一般来说，如果你想让孩子学编程，首先就要从培养孩子结构化程序设计的思维开始。

结构化程序设计

编程看起来很高深，实际上却没那么复杂，说白了，就是你用程序设计语言写一段话，指挥计算机去做一件事情。你说话总得有前后之分吧，编程语言也一样，比如你对计算机说："你好。""我是一位妈妈。""请你放一段音乐。"

这3句话其实就是你对计算机下的一系列指令，通过这些指令，计算机知道：

"你在跟我打招呼。"

"你是一位母亲。"

"你需要我放音乐。"

然后计算机就会按照你的指示，放一段音乐。

你对计算机说的那段话，就是结构化程序，它是按顺序依次执行

的，只不过计算机所理解的语言不是我们平时说话的语言罢了。而计算机能够理解的语言，我们称之为编程语言。所以，教孩子学编程，我们就要学两点：一是结构化程序设计，二是编程语言。

编程语言有很多种，比如Scratch、Python、Java、C/C++等都是很主流的编程语言，而且儿童都可以学习。每种语言都有自己的格式和语法，学起来并不难。难就难在编程思维，也就是结构化程序设计思维上。

打个简单的比方，比如说话，说中文也好，英语也罢，都没关系，最关键的是你知道说什么。而结构化程序设计思维就是你想要表达的东西。

结构化程序设计思维怎么训练

现在主流的编程启蒙教育，训练的就是儿童结构化程序设计思维的能力。这种思维在孩子2岁的时候就可以教，借用卡通、桌游、机器人等方式，教孩子一步步学会给计算机下指令。我们看一个例子，这个例子是借用“我的世界”（Minecraft）这个游戏来学编程的。

主人公是图中（见下图）左边的小人儿，他需要到达目的地。

下面这个界面就是给小人儿下达指令的地方，总共有3个指令可以选，分别是：向前走一格（Move Forward），左拐（Turn Left），右拐（Turn Right）。

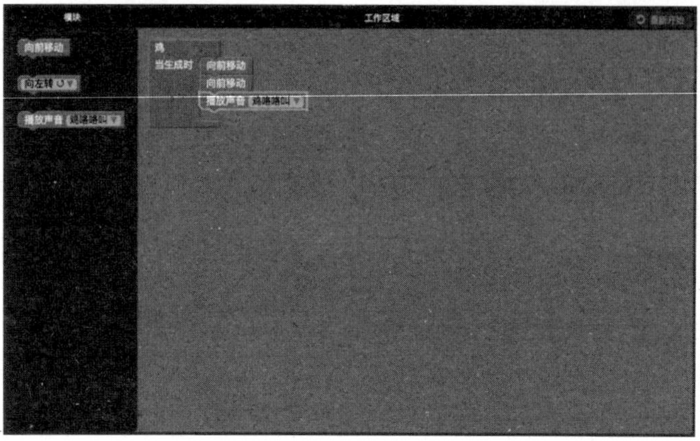

我们所需要做的，就是在这个界面里给小人儿定义好行进的步骤，最后点一下“运行”（RUN），小人儿就能按照我们给他指定的步骤行走，如果走到目的地就表示成功，如果没有走到就表示失败。

如果我们给小人儿下的指令是往前面走3格，因此一共是3个“向前走一格”的指令，最后运行的时候，小人儿就按照我们给他设置好的指令往前走了。

看起来很简单对不对？实际问题会比这个复杂很多，有时候我们需要用到条件语句，比如走到某个位置要做某个动作；有时候还会用到循环语句，就是说重复某个动作多少遍；还有时候我们会用到函数，把一组动作包含在一个固有的函数里。

关于编程书籍，有一套*Code Babies*专门是给儿童编程启蒙的，我已经将这套书引进到国内，并担任了本书的翻译，中译名为《宝宝的编程》（中国科学技术大学出版社）。这套幼儿编程书籍对开启孩子编程思维很有帮助。

关于编程机器人，有几款都不错。比如*Dash Robot*，这款是学习编程的，有专门的APP来提供编程界面。还有费雪的*Code-A-Pillar*，这款是通过给毛毛虫身体安装不同的行动模块，以下达行动指令，以及*Learning Resource*的*Robot Mouse*。

其实，编程并不难，只要父母适当引导，相信每个孩子都会爱上编程。

用编程“乌龟”和孩子玩编程

美国人的桌游有一个特性，就是具有开放性，只要你愿意，就能想出各种各样有创意的玩法。我曾和憨憨在一起玩过很多训练编程的小游戏，如这款 Robot Turtles（编程“乌龟”）。

用编程“乌龟”训练孩子的编程思维

很多人会觉得好奇，编程不都是用电脑实践的吗？和桌游有什么关系？我给大家看一个美国小学通行的编程训练的例子，这个训练是通过游戏“我的世界”来进行的。游戏的目的就是把游戏中的小人儿移到绵羊那个格子里（见69页图）。孩子需要利用编程来实现，程序设计框（见下图）里有3个指令，分别是前进、左拐和右拐。

孩子在下图的程序设计框中将指令设置好后，电脑就会自动按照你设定的程序来移动小人儿。

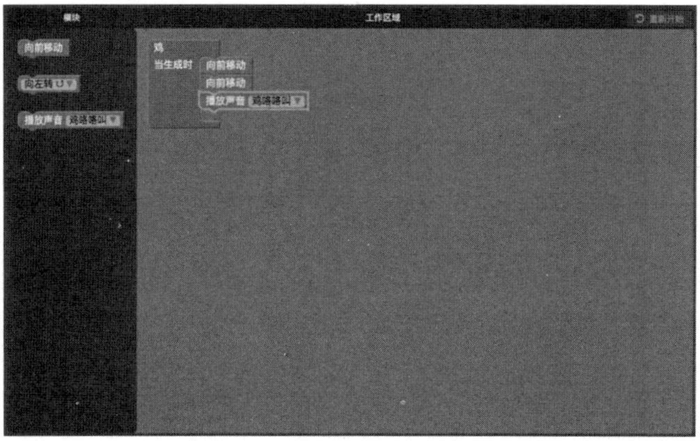

这个练习就是训练孩子的编程思维。明白了这一点，那么编程“乌龟”这款桌游你就能理解了。编程“乌龟”就是教孩子设置行动指令，让“乌龟”找到珠宝，而且不需要用电脑。

编程“乌龟”的标准型玩法

这种玩法是说明书中提到的，将珠宝卡放在中心位置（见下图），将冰城堡、木城堡、木箱子随意放置于地图上，孩子的工作就是根据“乌龟”所在的位置，每次出一张行动指令卡，比如前进、左拐或者右拐。如果“乌龟”面临冰城堡挡住去路时，可以出一张激光卡，将冰城堡融化。最后移到珠宝处获胜。

编程“乌龟”的竞争型玩法

除了说明书中介绍的基本玩法，我们还可以延伸一下。我跟憨憨玩的时候，会跟他一起设置关卡，比如我分给每个孩子1个冰城堡、1个木箱子、1个木城堡，然后让每个小朋友给对方设计地图，人为设置路障。

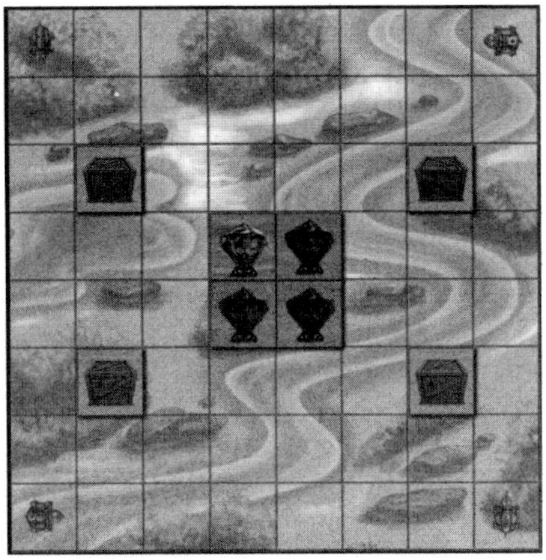

这里就有很多技巧，举个例子，如果“乌龟”到珠宝所在地的直线路程中没有任何障碍，那么它到珠宝所在地的路程肯定最短，用时也最少。但是，如果你在“乌龟”到珠宝所在地的直线路程上设置一个冰城堡，那么孩子就需要用一张激光卡将其融化，然后才能行走，步骤就会多一步。而如果你在“乌龟”到珠宝所在地的直线路程上设置一个木城堡，那么孩子就需要绕路行走，就多了好几步。最后，取得珠宝用的步骤最少者为胜。

这个玩法其实考验了孩子两个方面的技巧：一是给对方设置障碍的技巧，二是破解别人设置的障碍的技巧。

这个过程不仅学习了编程的技巧，还需要计算最优路径，这就比第一种玩法难了不少。

编程“乌龟”的过关型玩法

这个玩法是我和憨憨设计的，就是将珠宝放在任何位置，然后在“乌龟”到珠宝的直线路程中间设置很多障碍，让孩子试着用通过卡牌的指令到达珠宝所在地。

在这一过程中，到达珠宝所在地有很多路径，我们需要孩子找出最短路径出来，也就是说所用的指令要最少。

这就像我们设计程序的时候都需要最优的算法。程序写得越少，那么这个程序执行的速度就越快。玩编程“乌龟”就是需要不断训练孩子解决问题，以及优化设计的能力。

用一个户外游戏来进行编程启蒙

公众号的不少读者跟我说，他们是编程“小白”，怎么教孩子编程呢？宝宝才两三岁，也可以开始编程启蒙吗？

编程现在有多热？看看美国就知道了！有一条新政策是编程已被纳入美国的幼儿园到高中（K-12）的教育体系，为此政府特批了40亿美元的基金支持这一计划。

美国一些幼儿园、小学也已经开始有意识地在平日的教学中向孩子传授编程的小常识。编程一般都要用电脑来做，可是对于幼儿来说，长时间使用电脑也不合适，那怎么办呢？于是很多学校就将编程的理念融入平时的户外活动中，而这些活动我们在家也可以陪孩子一起玩。

说到编程，最基本的程序模式有3类：顺序执行、条件语句、循环语句。

顺序执行就是将命令一条条地依次去做，直到执行完，程序也就结束了，这个很好理解。而很多孩子最迷茫的就是在条件语句上，条件语句的格式是 “if…else…”，计算机入门的时候都会先接触这个。而这个概念也是非常考验孩子逻辑思维能力的，理解了它也就意味着一只脚跨入了编程的大门。

if　判断条件：　　结果1　　else：　　结果2

什么是条件语句呢？举个例子，我们需要计算机放一首歌，如果我在键盘输入的是A，那么放的是黄致列的歌；如果不是A，放的就是李玟的歌。

这段话如果用程序设计来表示，就能写成下面这样：

if　　键盘输入A：　　放黄致列的歌　　else：　　放李玟的歌

这个“if…else…”就是编程必用的条件语句，太重要了。话又说回来，这个句子大人一看就明白，可是孩子们怎么理解呢？美国老师还真为此设计出了一个很棒的游戏。

这个游戏平时在家或者一群小朋友玩耍的时候都可以玩。游戏开始的时候，首先要选择一个小朋友（假设名字叫A）作为参照物，别的小朋友就会根据A的指示来做动作。

第一关：复制动作

我们在纸上写下程序。

if　A做一个动作：大家都要做同样的动作

也就是说，如果A做什么动作，别的孩子都要跟着做同样的动作，如果谁做错了那就是谁输了。

通过这一步，教会了孩子一个最基本的概念：程序设计中的条件语句——如果发生了什么条件，那么就会产生相应的结果。

第二关：动作相反

程序又改成了这样：

if　A做一个动作（蹲下或者跳起）：大家要做相反的动作（跳起或者蹲下）

也就是说，如果A蹲下，那么别人就要跳起来；而如果A跳起来，那么别人就要蹲下。检查这一过程看谁犯糊涂了。这一关的难点在于，孩子看到的和需要做的是完全相反的事情。

通过这一步，孩子慢慢理解，在条件语句中条件和结果可以不一样。比如说例子里的条件是A跳起，但结果是别的孩子要蹲下。

第三关：反之情况

继续修改程序，加入了一个else。

if　A举右手：大家都要举右手

else：大家都要抬右脚

也就是说，如果A举右手，那么别人都要举右手；而如果A没有举右手（他在做别的动作），那么别人都要抬右脚。这个就有点儿难度了。大家可以一起比赛，做错的人就出局，看看谁是最后的冠军。

通过这一步，孩子理解了整个条件语句的概念，如果出现了某个条件，产生相应的结果；但如果没有发生那个条件，就会产生别的结果。

第四关：开始编程

到了最后一关，可以让孩子开始编程了。我们让孩子自己制定游戏，用“if…else…”的格式把他们想要玩的游戏规则写下来，要求就是给出一个条件和两个结果。如果达到某个条件，就会产生第一个结果；而如果没有达到条件，就会产生另外一个结果。模板如下。

if__________：　__________　else：__________

通过这一步，孩子就可以根据自己的想法编写喜欢的程序了。

第四章

用思维导图训练超强大脑

思维导图是表达发散性思维的有效的图形思维工具，是一种革命性的思维工具。通过学习和使用思维导图可以培养孩子的思维能力、表达能力和写作能力。

如何用思维导图提高孩子的思维能力

在美国中小学，很多老师都在使用思维导图培养学生的思维能力。研究发现，使用思维导图可以让孩子在思维能力、表达能力、写作能力等方面有很大的提高。

什么是思维导图

思维导图（Thinking Map），主要是运用图文把各级主题的关系表现出来，把主题关键词与图像、颜色等建立记忆链接。思维导图充分运用左右脑的机能，利用记忆、阅读、思维的规律，协助人们在科学与艺术、逻辑与想象之间平衡发展，从而开启人类大脑的无限潜能。

几岁开始学思维导图

家长可以将思维导图作为一种思维训练方式来用。很多时候，你会发现用语言解释远没有图表直观和易懂。因此，你在给孩子讲述一个道理、描述一个理论的时候，就可以用思维导图，也可以鼓励孩子在解决问题的时候使用这种方式。

思维导图的学习对年龄并没什么要求，只要孩子能拿笔画图或者能摆弄卡片时即可开始学。

比如，对于较小的孩子来说，要让孩子养成良好的生活习惯，你可以让他自己画一张流程图（见下图），描述出早上起床后要做的几件事情（穿衣、洗脸、刷牙等），这个过程能锻炼孩子思维的缜密性、逻辑性。

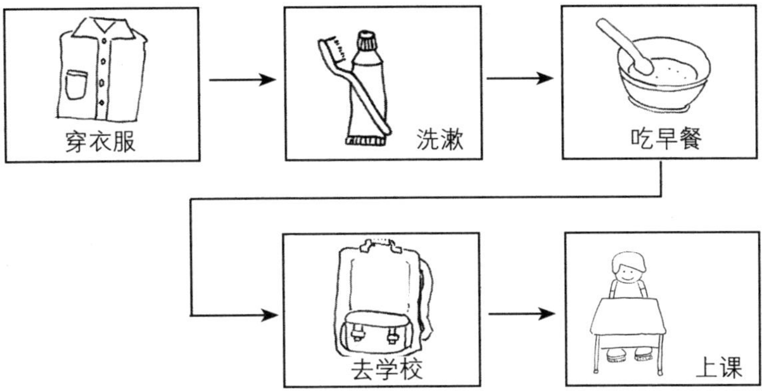

思维导图的种类

圆图（Circle Map）

圆图可以帮助孩子们定义一件事情或者一个想法，特别适合一群人关于一个主题的头脑风暴。在图的中心画一个核心圆，里面用文字、符号、数字等定义大家想描述的主题，在核心圆之外，用关键词或者图形描绘出大家对这个主题的理解和描述。

【举例】比如下页图中这个例子，核心圆是“我的猫”，而外围的关键词就是“13岁了”“母的”“个头大”“很可爱”“不喜欢热狗”“害怕兔子”等。

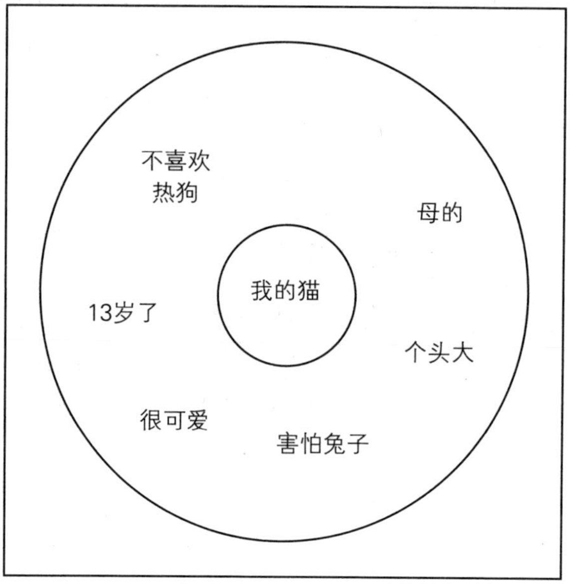

【训练】让孩子用圆图描绘出假期最喜欢的活动、喜欢的书、给长辈的礼物等。

泡泡图（Bubble Map）

泡泡图通常用于定义事物的属性或相应的联系，在孩子写作或者表达的时候，能够增加他们对于一个事物描绘的深度和多样性。在中心圆上，写出主题词汇；在周围的圆上，写出主题相关的特性或者属性。

【举例】比如下页图中这个例子，主题的核心圆是“冰激凌”，周围的属性圆是“冷”“美味”“丝滑”“甜”等。

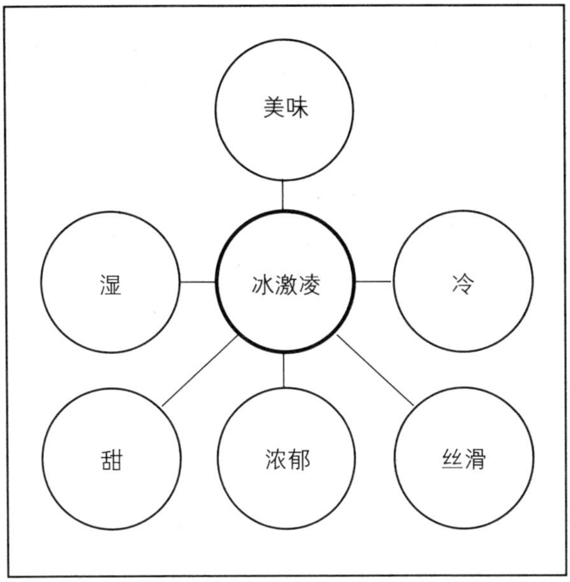

【训练】用泡泡图描述朋友、宠物、最爱的糖果、游戏等。

双泡泡图（Double Bubble Map）

如果你需要对两个相关主题做比较，那么就需要双泡泡图。将两个主题分别画在两个圆中，周围的泡泡就是关于主题的属性或者联想，如果一个泡泡和两个主题都关联，那么它就可以用线跟两个主题圆都连起来。这样的好处是，两个主题有什么共性一目了然。

【举例】比如下页图中的例子，左边的核心圆列出了生活在水里的动物，右边的核心圆列出了生活在陆地的动物，中间的小泡泡里就是那些同时具有两个特性的动物，通过图能看出螃蟹、乌龟、青蛙、鸭子等既能生活在水里，也能生活在陆地上。

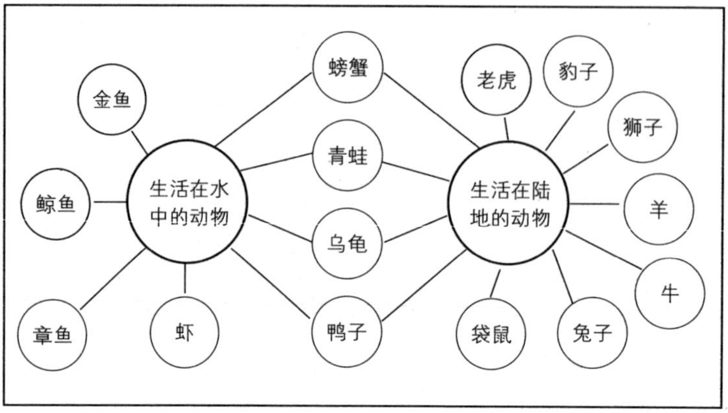

【训练】用双泡泡图来比较你和你的朋友、比较爸爸和妈妈、比较你最爱和最讨厌的食物、比较两个老师、比较书中的两个角色、比较新旧学校等。

树图（Tree Map）

如果想学分类，那么树图无疑是最佳选择，物品可以分门别类地在各个主题中列出来。首先确定一个一级主题，然后根据这个一级主题进行分类，罗列出若干个二级主题（甚至可以三级或更多主题），最后再对每个主题进行补充。树图非常适合学习、测验，比如教单词，如果是按照主题或者自然拼读法（phonics）教，那么每个主题、每个韵律都可以是一类，孩子可以写上对应的单词。

【举例】比如下页图中的例子，一级主题是动物，二级主题就列出了各种各样的动物类型，有鱼类、昆虫类、鸟类等，然后把各种动物归进相应的类别中。

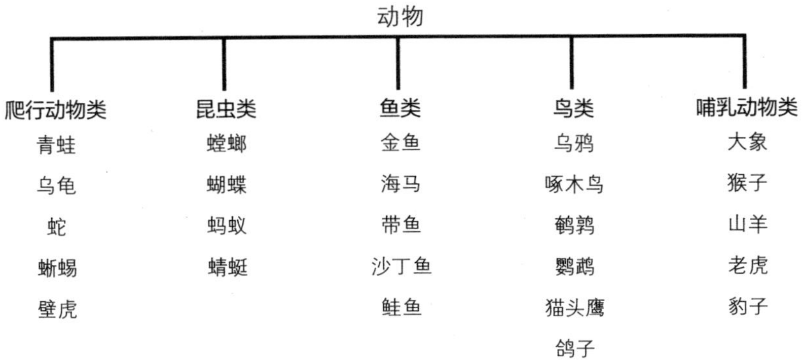

【训练】把本周学习的单词进行分类，将购物清单进行分类。

括号图（Brace Map）

括号图能帮助孩子理解主题和其属性的联系，通常用于分析一个事物的结构。在图的左侧写上主题，然后画一个大括号，囊括这个主题的主要部分，之后对每个部分用一个大括号再描述细节。

【举例】比如下图的例子，左边描写技术能力，然后分类是数据库、多媒体、通信等，再分细一点儿，通信可以再细分互联网、电子邮件等。

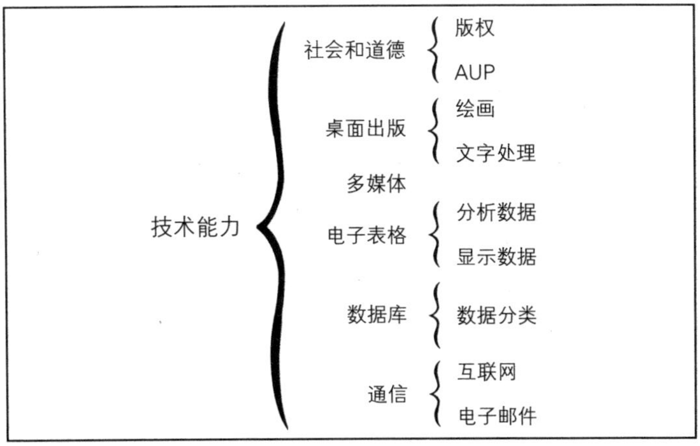

【训练】用括号图的形式描绘一个国家、一个省、一种植物等。

流程图（Flow Map）

流程图就是用来描述一件事情的过程。在最大的方框内，首先写好这件事情的主题，然后用小方框描述这件事情的每个步骤，最后用箭头将这些步骤联系起来。流程图可以训练孩子的逻辑思维能力和思维的缜密性。

【举例】比如下图中的例子，主题是“怎样做一个花生酱的三明治”，流程则是“拿两块面包”“将面包放在餐盘上”等，一直到最后“享受你的美味三明治”。

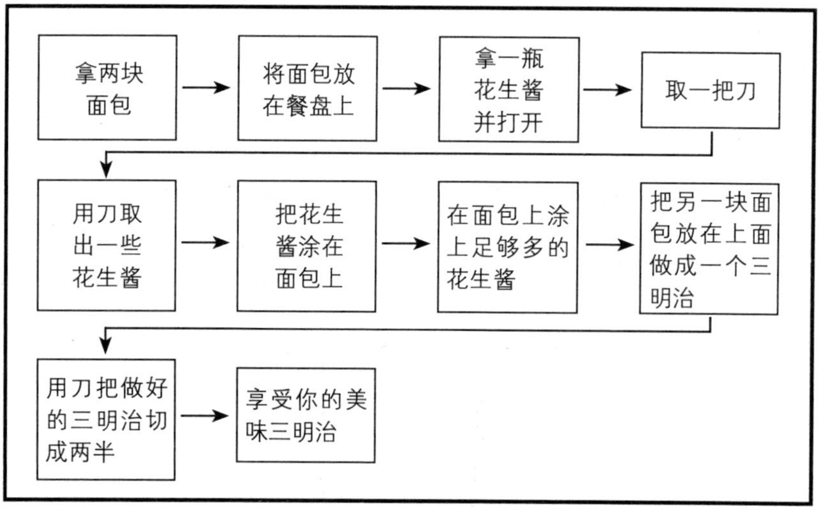

【训练】让孩子画一个流程图描述怎么洗碗、怎么做点心、怎么系鞋带等。写完后，可以尝试将孩子做的流程图交给别的小朋友，看他们能否根据流程图中的步骤顺利完成。也可以用流程图的方式来复述一个故事。

多流程图（Multi-Flow Map）

如果想描述一件事情中的因果关系，那么用多流程图再合适不过了。这种流程图一般首先需要定义核心方框，描述这件事情；然后在左边描述原因的方框，用箭头指向核心方框；再在右边描述结果的方框，用箭头从核心方框引向结果方框。多流程图可以帮助孩子分析一件事情的起因和结果，让他们思考其中的对错。

【举例】如核心方框是“将杏仁条给朋友”，左边描述原因的方框是“糖果让人开心”“朋友需要我的帮助”，右边描述结果的方框是“友谊更长久”“朋友很吃惊”“朋友表示感谢”等。

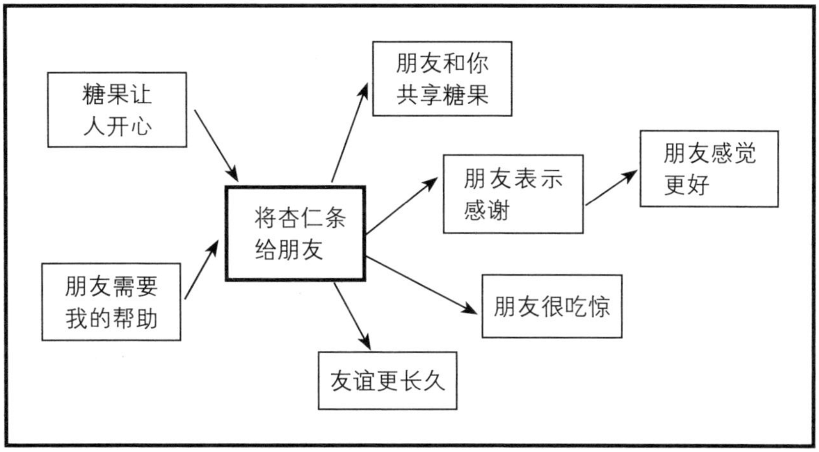

【训练】随便选择两个生活中的事件，用多流程图画出来，一件是带来好结果的事情，另一件是带来不好结果的事情。

桥图（Bridge Map）

桥图用来描述事物之间的相似性和关系，在图的最左边描述主题，右边分别列出各个相似主题的名称和描述。

【举例】比如左边的主题是描述书中的一个角色，右边分别列出了《夏洛的网》中的威尔伯、《查理和巧克力工厂》中的威利·旺卡等。

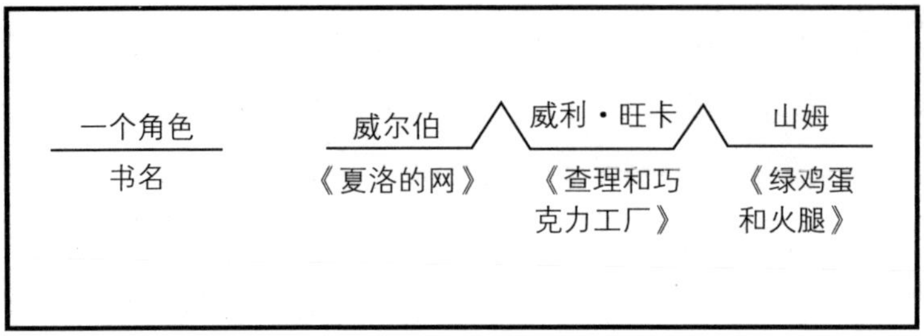

【训练】让孩子用桥图呈现拼写单词、生活习惯、动物们的主要食物、车的厂商和型号等。

用思维导图中的圆图拓展儿童思维

圆图是思维导图中的一种形式。

圆图就是中心有一个小圆，里面写主题，然后外面再来一个大圆，将关于这个主题的所有内容囊括进去。这种图很适合大伙在一起讨论、头脑风暴，也适合孩子针对一个主题进行发散性思考。

美国国家教育联盟（National Education Association，NEA）专门就圆图的学习和使用，邀请了洛杉矶的一位小学老师Tita Ugalde介绍怎么和孩子一起使用圆图。

Tita老师跟孩子们讨论土壤，她在白板上画了一个小圆，里面写上“土壤”，接着，她问孩子们，关于土壤他们能想到什么。

有人说泥土，有人说碎石……

Tita老师将这些答案一一写在“土壤”的周围，很快，“土壤”外面的一圈写满了孩子的答案。Tita老师将这些答案都圈了起来，然后她问孩子，他们是从哪里获取这些知识的。有的孩子说是从书里，有的孩子说是从网上……Tita老师将这些答案写在了相应圈圈的周围，并用一个大圈框了起来。

最后一张3个圆的圆图就做好了，最里面那个圆代表“土壤”这个主题，第二层圆介绍了关于土壤的联想，第三层圆讲述了这些知识点的获取渠道。

这就是圆图的迷人之处，层次清晰而且很有条理，孩子在不断发散的思考中拓展着自己的思维能力。

圆图的玩法

一般来说，圆图有两种有趣的玩法。

玩法一：由中心向周边

这种方法要事先定义好核心圆的主题，然后再想这个主题的相关内容。比如让孩子介绍一下数字，谈谈这些数字都代表了什么。这种方法就是首先明确中心主题，然后根据主题进行发散性思维。

玩法二：由周边向中心

这种方法有一个专门的名称，叫作猜猜主题（Guess the Main Idea）。有的老师会在外面的圆圈里画上一些图画或者文字，然后让学生猜核心圆里面的主题是什么。

有时候也会让孩子们自己画图案，然后让大家互相猜主题，这种玩法的难度会更高一些。对于绘图的孩子来说，他们需要将想表达的思想用图画或者文字表达出来；对于猜图的孩子来说，他们需要抓住整个图画的思想，找出主题。

圆图的升级版

传统意义上的圆图是两个圆圈，但它还可以根据你的喜好随意决定，也可以三层圆，或者多层圆。比如下页这张图，它由很多层圆组成，核心是介绍我的世界，第一层介绍我，第二层介绍我的学校，第三层介绍我的邻居，然后是我的城市、国家等。

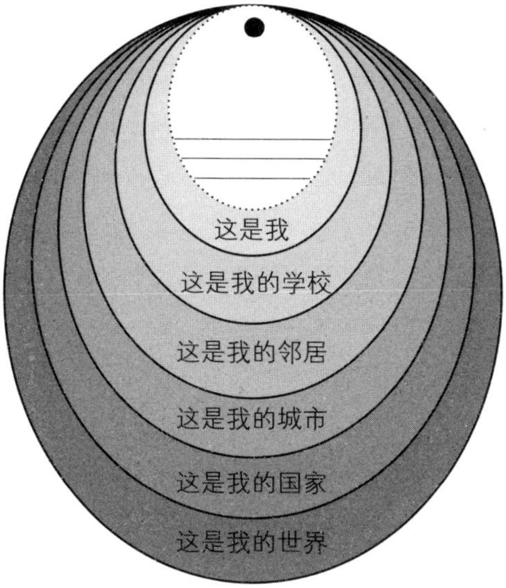

每一个圆上有很多空格，可以让孩子填写更详细的内容。孩子在这样层层展开、层层递进的过程中，可以不断了解自己，思考周围的世界。

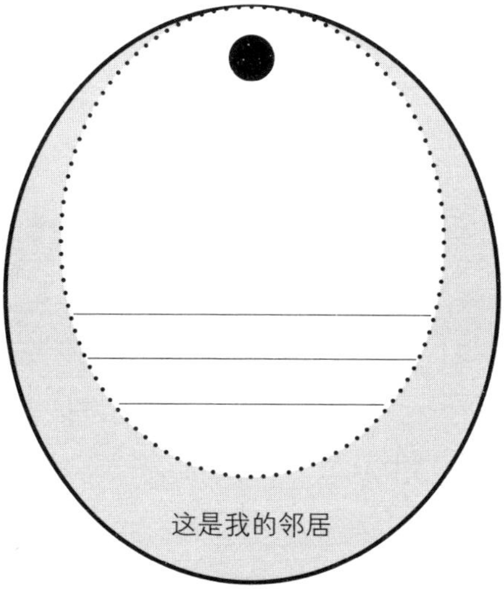

最后，你会发现，圆图升级版可以不断开拓孩子的思维，让孩子每次考虑的范畴都比原来更大，从微观逐渐发展到宏观，不断探索未知的内容。

用思维导图训练孩子的语言表达能力

记得憨憨刚上小学一年级的时候，老师在教室里贴了一张表，告诉小朋友，可以做的事情（Can），包括读书、写字、学习；所拥有的东西（Have），包括书桌、书包、活页夹；是什么样的人（Are），包括大孩子、聪明、读书人。

细看一下，这不就是思维导图中的树图吗？对于这张表，美国人还给它起了一个很有意思的名字，叫作Can/Have/Are表，其实就是思维导图中树图的一种，树根是主题，树枝是Can、Have、Are这三类，而树叶就是填充的内容。

Can	Have	Are
读书	书桌	大孩子
写字	书包	聪明
学习	活页夹	读书人

可别小看了这张表，它对于训练演讲能力、写作能力、阅读理解能力、语言表达能力都是非常有用的。

什么是Can/Have/Are表

有一次，憨憨的老师给孩子们读了一个关于企鹅的故事，然后给学生每人一张表，要求孩子们写出企鹅可以做什么（Can）、有什么（Have）以及是什么样子的（Are），最后根据自己写的内容，轮流上台介绍一下自己对企鹅的理解。

企鹅

Are	Have	Can
黑色的	喙	游泳
白色的	脚蹼	走路
鸟	蹼足	潜水
	防水羽毛	滑行
		跳跃
		捕捉

整个过程就是考验孩子对一个知识点的理解、对于事物的描述和表达，这也是美国学校训练孩子阅读、演讲、写作能力而经常采用的一种教学手段。

如果想带孩子认识别的动物，学习各种科普名词比如了解宇航员、消防员，都可以用这种表。

Can/Have/Are表的变形

Can/Have/Are表并不是一成不变的，而是可以根据不同的需要产生很多变种。

描述一种植物可以用Have/Need/Give表；描述入学时新认识的朋友可以用Like to/Are/Can表；如果想做个小小科学家，那么可以用Can/Have/Need表；对于嘴馋的小家伙描述爆米花，可以用Smells/Tastes/Looks/Sounds/Feels表等。针对不同的使用场景、不同的表达内容，这些表格还可以自由组合。

Can/Have/Are表的功能

Can/Have/Are表特别适合用来描述一个名词或一个事物，美国老师为了锻炼孩子的语言表达能力，会经常鼓励学生描述某个事物、主题时尽量多用一些描述性的词语。

有一次，在母亲节前夕，老师给孩子们布置了一个演讲任务，主题是介绍妈妈。

我们就给憨憨选择了用Can/Have/Are表，首先介绍“Are”，说妈妈漂亮、聪明、善良、对人很好……然后介绍“Have”，说妈妈有乌黑的头发、黑色的眼睛……最后介绍“Can”，说妈妈能烧很好吃的菜、能讲好听的故事……

如此一条条地讲下来，孩子的思路会很清晰，语言表述十分自然，内容也很丰富，这也能大大提升他的写作能力和演讲能力。

怎么做Can/Have/Are表

如果想要在家训练孩子的语言表达能力，Can/Have/Are表绝对是一件利器，而且特别容易操作。

•先找一个模板，并打印出来。

•给孩子讲一个故事，或者让孩子读一本书。

•然后给孩子指定书中的一个主题，让孩子将与这个主题相关的“Can、Have、Are”写出来。

•最后让孩子结合表格里面自己填写的内容，把这个主题当着大家的面讲一遍。

憨爸分享

我整理了几个树图的模板，如果需要，可以在我的公众号“憨爸在美国”对话框里回复“tree”就能拿到了。

第五章

数学启蒙，培养良好的数理思维

很多家长注重孩子的学科教学，这样也导致孩子是被动地接受结果，而缺乏思考解题过程的能力。事实上，孩子的数学启蒙，应该更多关注数理思维的培养，加强逻辑力、推理力等方面的训练。

如何让孩子快乐地学数学

刚来美国的时候，有一次我和经理出去吃饭，在吃完后计算小费时，经理打开计算器计算着该付多少钱。我就很诧异地问他："为什么不心算，不是很容易吗？"他很崇拜地看着我，说："这太难了，算不过来。"我当时就很崩溃，要知道，他可是加州大学伯克利分校本科毕业，斯坦福大学硕士毕业，双重名校的身份，怎么可能连个简单的加减法心算都搞不定呢？要知道这在中国，一个中学生甚至小学生都能轻松搞定的啊！

后来我有幸进了斯坦福大学修课，第一次考试的时候，教授对我们说："考试时你们可以带计算器过来。"我当时还以为会有大量高深的数学计算在等着我们，后来才发现，所谓的那些计算都只是一些两位数的乘除法罢了，对咱们中国高校出来的学子来说，真是简单得不能再简单了，但当时的考场上，我身边那些美国的高才生一个个都在按计算器！

在鄙视美国人的数学能力好一阵子之后，有一件事改变了我的看法。我在斯坦福大学修课的那段时间，有一门课教的是算法，其中用到很多数学公式。这些数学公式我看着非常熟悉，我熟悉它们的名字，甚至在哪本课本上出现过、在什么时候学过我都记得，可就是不记得它们是什么含义，也不记得它们该怎么用了！

老师讲课的时候对这些数学公式都是信手拈来，我的那些美国同学听得津津有味，而我就很抓狂，不得不回家翻出以前的课本，恶补了好几天，才跟上了学习进度。

要知道，我大学时数学成绩是很好的，考研的时候数学将近满分，可就是这样的数学成绩，我竟然还忘记了大学时学过的数学基本公式和原理，真是让人汗颜！

这其实有一个误区：我们过度强调做题，却忽视了对数学最本质的理解。我们能通过反复做题找到通过考试的捷径，但是并没有真正把数学应用于生活，所以学到的只是一堆公式和定理而已，一旦考试结束，这些公式和定理会随着时间的流逝而淡出我们的记忆；而生活中的数学则大不一样，一旦理解了，这些数学知识就像常用技能一样深深扎根在我们的记忆当中，很难忘记。

在家辅导憨憨学数学时，我同时买了美国数学教材和中国数学教材，对比之下，我感受到了两国数学教育的不同。

难易度不同

在中国的小学一年级数学教材中，就有两位数的加减法了。

对比可知，美国二年级的数学还只是围绕着10以内的加减法，当然在二年级的后期会开始两位数和一位数的加减法，但是进度比国内同年级要慢很多。

侧重点不同

美国数学着重向孩子传递数学理念，比如数字到底代表了什么？在生活中你怎么运用数学？所以美国老师会花更多的时间来教学生，谁最重、谁最轻，重多少、轻多少之类的问题，而不是直接让孩子用加减法的公式来计算。先充分理解，然后再学习公式，这是他们的教学思路。

而国内，很多家长恨不得孩子迅速掌握两位数的加减法，做题拼速度，比如半小时之内能做多少题，正确率是多少，能不能心算等，至于是否理解不重要，公式一写、答案正确就可以了。

教学思路不一样

美国老师教数学的时候，会鼓励孩子发掘自己的解题思路，并把解题思路写在试卷上，而不仅仅是写一个答案。憨憨有一次数学考试答案全对，但是没有得满分，原因就在于他偷懒没有写解题思路，只是把答案写上去了。老师更看重的是孩子的思路，而不是答案。

《新加坡数学》是硅谷教育机构中特别流行的一本课外辅导数学教材，其中有一道减法题，题目要求孩子把数字分解成觉得容易计算的几个部分，然后给出答案。比如25－4，你可以分解成20＋5－4，或者10 ＋15－4，答案不是唯一的，只要孩子能够理解减法的本质，并且能说出分解的思路就可以了。

思维能力的锻炼

美国老师在数学教学过程中还强调训练孩子的思维能力，这包括逻辑思维、空间思维等。我给憨憨报名的斯坦福大学天才儿童数学课程，里面专门有一个游戏是俄罗斯方块，让孩子用指定的方块组合填满一个图形，这个游戏有助于提升孩子的空间思维能力。

另外还有一个游戏是让孩子给小汽车编程，给它几个方向的组合，然后让小汽车根据指定的方向组合来开动，看看最终能否开到终点。

憨爸分享

我们在辅导孩子数学的时候，不妨把中美数学教育中的优点结合起来。

（1）传授新的知识点时，要先理解再做题，鼓励孩子能把所学的知识应用于生活中。

（2）训练孩子的思维能力，比如找规律、画图形等， iPad是个很好的载体，里面有不少好玩的开拓思维的APP。

（3）在生活中学习数学，可以加深孩子的学习兴趣，可参考本章中《在家用扑克牌玩转数学启蒙》一文。

（4）鼓励孩子自己思考、探索答案和找到自己的解题思路，不要把我们大人的思路强行灌输给他们，有时候你会发现，孩子的思路比你来得更直接、更巧妙。

这样教数学，孩子才会感兴趣

著名的教育家Glenn Doman先生是儿童脑力训练的先驱，他认为，数学是早教中最不可缺少的元素。在我们传统的教育思路里，数学早教就等同于认识数字、数数，以及做加减法题。这种理解不能说不对，但不全面。

结合美国的幼教思路，以及在给憨憨做数学启蒙时的心得体会，我总结了以下6个方面的内容，希望能帮助大家对引导孩子学数学有更清晰的认识。

熟悉数字

这个过程分为两步，第一步是认识数字，从0到100甚至更大的数字；第二步是学会将数字和真实的生活场景结合起来。

在教孩子认识数字的时候，父母可以借助一些练习册（比如《阶梯数学》《新加坡数学》），让孩子知道数字的含义，会数数，并将数字写出来。之后就是将数字融入生活中，比如我们带孩子出去玩的时候，可以让他数汽车、大树、花朵……

我们还可以和孩子玩找数字的游戏，憨憨小时候最爱玩这个游戏。每次我们陪憨妈逛街的时候，憨妈挑衣服，我就带着憨憨在店铺门口转悠，每个店铺都有门牌号码，于是我们就约定一个数字（可以是一位数，也可以是三位数），然后一声令下，看谁先找到。别小看这个游戏，其实也有些诀窍，商场里各个店铺的门牌号都有规律的，一般顺着一个方向连续编排。比如，我们约好找21这个数字，而我们现在身处门牌号为19的店铺门口，那么孩子就得动脑筋想从哪个方向搜寻是正确的，这样就能更深刻地理解数字顺序排列的意义。

数数

数数看起来很简单，不就是从1数到10或者数到100吗？没错，这是数数的基本概念，但在这里我要给大家讲的是如何通过游戏来让孩子理解数数。

数学闯关游戏

第一关：让孩子学会按顺序数数，每次间隔1个数，从1数到某个终点数字。

第二关：不要从1开始数，而是从你任意指定的一个数字开始数，直到终点数字。这就稍微增加了点儿难度，打乱了孩子原来从1开始的固化思维。

第三关：顺数时很流畅，那么试试倒数吧。你可以指定一个数字，让孩子从这个数倒着数到1。这就让孩子对数字次序的概念更加清晰了，知道一个数字左边是什么，右边是什么，哪个大，哪个小。

第四关：接着加大难度，间隔2个数开始数数，比如1、3、5……或者2、4、6……这样数下去，如果你有兴趣，还可以告诉孩子这样的数分别叫奇数和偶数。这其实就有了一定的加法计算能力，孩子知道每次加2往下数了。

第五关：下面就从0开始，每次间隔5往下数数。选择5是有原因的，因为0、5、10、15这些数字孩子计算起来比较容易。

第六关：这时候你可以指定任意数的间隔，比如间隔4，并指定一个起始数字开始往下数。这对加法计算能力的要求稍微有点儿高。

通过这个方法来数数，孩子对数字的顺序、加减法的理解会更透彻。

数字运算

数字运算有加减法，也有乘除法。加减法比较好教，这里我也不再多说了。可是乘除法怎么教孩子理解呢？

我们不可能让孩子太小就学乘除法，但是我们可以先给他们一个概念。从生活中找例子，比如去必胜客吃比萨。

比萨被分成了8份，我就会问憨憨："如果爸爸跟宝宝分比萨，每人吃一样多，你怎么分啊？"如果他答出来，我会接着问："如果爸爸、宝宝、妈妈和奶奶一起吃比萨，大家吃一样多，那每人该分几份啊？"

用这样的方式，就能帮孩子理解基本的乘除法概念。

当然，我通常会"得寸进尺"，看孩子都答出来后我会紧接着考他："还是8份比萨，如果爸爸比宝宝多吃2份，妈妈跟宝宝吃得一样多，那么宝宝应该吃几份啊？"

孩子答不出来不要紧，确实有点儿"烧脑"，那就趁热先吃比萨吧。

测量

这个测量并不是说一定要用尺子去量，而是一个广义的概念，包括认识时间、重量、长度等。比如说认识时间，先是教会他知道星期几、知道几月几号等基本的知识点。如果难度加大一点儿，可以用下面的方法考孩子。

有一次在路上散步，我问憨憨："明天是星期天了，那么前天是星期几啊？"看他轻松答出来后，我又继续加大难度，问："昨天是星期四，那么后天是星期几啊？"

对于这类题，孩子需要在脑子里有个时间轴，知道今天、明天、后天等概念，这样才能计算最后的结果。

刚才说的是时间，下面再看重量。

可以通过游戏来帮孩子认识重量，这个游戏最适合去超市玩。超市的水果摊都有秤，在等妈妈挑水果的时间里，爸爸就可以和宝宝开始玩秤。

第一关：认识刻度。将一个苹果放到秤上，让孩子认识一下重量刻度。接着再放一个柠檬上去，看看重量是多少。之后就可以问孩子，谁重谁轻。

通过认识刻度，孩子就能知道利用重量这个指标可以分清物体轻重。

第二关：拿3个苹果出来，然后考孩子，你能不能找出几个柠檬，跟这3个苹果一样重呢？这个问题的解题关键在于，先把3个苹果放到秤上，记下刻度。然后再把柠檬挨个儿放上去，直至达到那个刻度为止。当然有可能不会那么精准地到那个刻度，这时候，孩子需要稍微做点儿调整，比如把里面个头比较大的柠檬换成小个儿的再试。

这个步骤能让孩子对重量、大小有更深刻的理解。

形状

认识形状也是数学启蒙中的一个重要方面，基本形状有三角形、圆形、正方形、长方形等。生活中可以带着孩子去观察各种形状的物体，下面我给大家介绍一个比较有趣的形状认识法。

海洋水族馆是孩子们特别喜欢的地方，我带憨憨去过很多次，我发现，海洋鱼类不仅五颜六色，而且形状各异。将海洋鱼类作为认识形状的工具再好不过，这也是激发孩子学习兴趣最有效的途径。

当然，认识图形只是第一步，再难一点儿，我们还可以自己摆出图形。比如说，我给憨憨3根牙签，要求他摆出1个三角形；或者给他5根牙签，请他摆出2个三角形。

逻辑规律

逻辑规律题常常用来考验孩子的逻辑思维能力。下面举几个我和憨憨用乐高理解逻辑规律的例子。

第一关：我分别选了一些4颗粒的积木（暂且叫A）和8颗粒的积木（暂且叫B），我把积木排列成ABABAB的样式。然后让憨憨根据这个序列排出后面两个积木。这是一个最基本的排列。

第二关：还可以按AABBAABB排列，让孩子排出后面的积木。这其实就是AABB的循环。

第三关：加大点儿难度，排成按ABAABAAAB排列，让孩子排后面几个。这一关的规律就是每次增加1个A。

第四关：引入6颗粒的积木（暂且叫C），这样排列组合就更多了，比如，ABCABCABC。

当然如果家长不嫌麻烦的话，还可以通过颜色、形状来区分等。

数学来源于生活，所以也要应用于生活，冰冷的数字是没有意义的，只有和生活中的事物结合起来，数学才能发挥最大的价值。

美国老师的数学课不只有计算

美国数学有个特点，那就是特别重视实用性。憨憨还在学习加减法时，有一天，他们的数学课上，老师布置了一个研究项目，主题是发生自然灾害后如何救灾。

首先，老师给孩子讲解什么是自然灾害，比如地震、洪水、恶劣天气等，自然灾害会对人类生存环境造成很大的破坏。如果发生自然灾害，道路很可能会被毁坏，食物、水这些救灾物资都无法运送到灾民的手里。

然后，老师又给孩子们讲，如果没有食物和水，人们将很难生存。因此向灾区运送生活必需品势在必行。

一般来说，往灾区发放的是一种叫作MRE（Meal-Ready-to-Eat）的食物。这些食物开袋即食，便于运输和保存。此外，救灾所在地的仓库必须有足够的储备，以保证灾区食物的正常发放。

最后，老师留给孩子们的任务是：假设有两个岛上发生了一场地震，桥梁受损严重，我们如何设计一套合理的救灾方案呢？

老师提供的任务有两个：

• 计算出一共需要多少食物和水。

• 如果用直升机运送救灾食物，制定合理的直升机行动路线。

首先，老师给学生画了一张地图（见下页图），地图上有两个岛灾情严重，名叫Wiles的岛上有A、B、C 3个小镇受损，而名叫Zeno的岛上有D、E两座小镇受损。因为桥梁也在地震中被破坏，预计还得一天才能恢复通行，所以我们需要先通过直升机给岛上的居民运送一天的食物，以解燃眉之急。

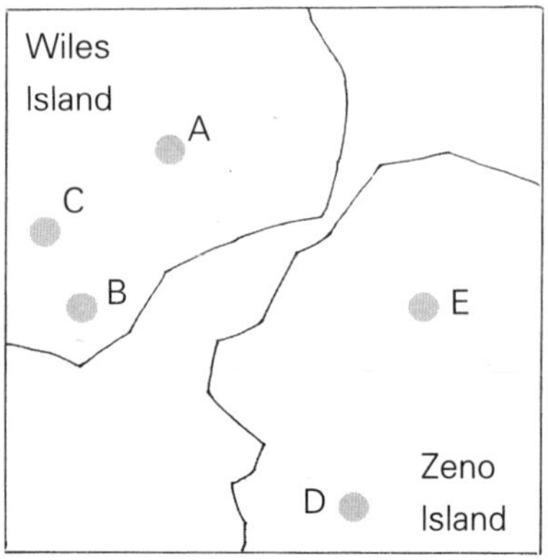

那么，我们需要运输多少食物才能满足灾区一天的食物需要呢?

第一关

老师罗列了5项任务，让孩子们从中选出究竟哪些任务能帮助计算食物量。

（1）计算不同城镇之间通行的时间。

（2）计算总共需要救济的人数。

（3）计算仓库里还需要储备多少食物和水。

（4）计算救灾需要发放多少食物和水。

（5）计算每个包裹的重量。

【点评】

答案是（2）（3）（4）。这一关和数学无关，是考查生活小常识的。家长要鼓励孩子多思考，而不是做一个书呆子。

第二关

等孩子选对任务后，紧随而来的就是统计救灾的人数，这就是一个加法计算题了。假设Wiles岛上有194人，而Zeno岛上有96人，那么灾民共有多少人?

【点评】

家长可以根据孩子目前对数学的掌握程度来修改题中的数字。如果是让正在上幼儿园的孩子来做，那就改成10以内的数字。

第三关

紧接着又是另外几道加减法题。

•如果每个人每天需要1份水和3份食物，那么基于上面计算的总人数，总共需要多少份水和食物呢?

•我们仓库里目前有350份水和945份食物，够用吗?

•如果将救灾物资发出去后，仓库里还剩多少份水和食物?

•假设仓库里要保持水和食物各600份，以便于下次救灾，那么我们还需要储备多少食物和水?

【点评】

这几个问题环环相扣，将救灾过程中的物品发放、储备、调度都考虑进去了，题目都是加减法，看似简单，但在实际应用中发挥了价值。

第四关

等食物和水的计算完毕，下面这一关就更考验智力了。

老师又给出了一张地图（见下页图），左下角是即将开出的救援直升机，而A、B、C、D、E 5个地方都是待救援的小镇，左上角则是时间。

直升机每开出一格，时间就会减一点，要求必须在天黑之前将救灾物资送到5个小镇内，而直升机最多行走20格就会天黑。此外，直升机只能东、南、西、北这4个方向直线行走。

这道题挺考验智力的，严格意义上来说，它不算数学，因为它将地理、编程和逻辑思维的概念都融进去了。

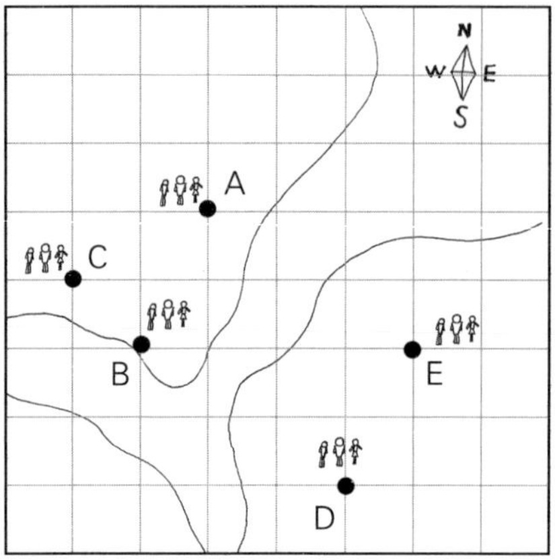

第一个难点是：孩子要会看罗盘的东、南、西、北，才能给出正确的行进路线。

比如我们要去D，那么定义的行动路线就是，东—东—东—东（往东开4格，然后把救灾物品放下）

第二个难点是：要寻找最短路线。

比如同样是把5个点走一遍，如果我们走的路线是D–E–B–C–A，需要16步，而如果走的是D–E–B–A–C，就需要17步。而对于救灾来说，时间就是生命，我们自然需要找最短的路径。

其实，路线不止一条，可以让孩子做做看，看看他的最佳路线是怎样的。憨憨跟我的就不一样，但我们走的最短路线一样都是16步。

第五关

等这一关过了后，最后一关是考验智力的了。

老师说，在真实救灾中，我们都是给灾民发放一个个包裹，每个包裹都有12瓶水，因为这种方式容易打包、便于管理。

假设A地需要101瓶水，那么实际投放的水是多少瓶呢？比预期多了几瓶呢？而上图中B、C、D、E又是怎样的情况呢？

【点评】

这个题需要孩子估算一个大致的范围，在美国数学教材中，数数（Counting）是一个很重要的概念，从幼儿园到三四年级都要学。

打个比方，孩子要学习从0数到100，最简单的是一个接一个往上加，复杂一点儿就是每隔2数一个数，然后隔5数，隔10数……

这道题就是每隔12加一次，看看最后送到的包裹里到底有几瓶水。因为这个年龄的孩子还没有整除、余数的概念，所以只能通过数数这个手段来解决了。

等这五关都通过了，项目也算完成了。最后，老师还不忘普及一下安全教育，让小朋友上网学习一下地震发生后的自救本领。

憨爸分享

看完这个救灾项目后，作为一名理工男，我也觉得很赞。因为这种出题思路不是死记硬背，不是题海战术，而是用一个生活案例，让孩子们扮演了一回救灾者的角色，通过这一过程训练了孩子的组织调度能力，懂得了数学的重要性，以及在生活中如何合理地应用数学。这不光训练了计算能力，还增强了社会、科学知识，一举多得。

我始终坚信，数学来源于生活，而生活能更好地帮助理解数学。

被达·芬奇画进名画的数学启蒙知识应该怎么教

一次我们去西雅图度假，在海边看到一栋小房子，透过玻璃，发现门里挂了一个牌子，写着“OPEN”。我就问憨憨：“你觉得这个小屋子是开着的呢，还是关着的呢？”“当然是开着啦，”话音还没落，他突然笑起来，“不！它是关着的！”

看，这很容易把孩子绕进去吧！因为商店的牌子都是一面“OPEN”一面“CLOSE”。如果你看到屋内那一面是“OPEN”的话，那挂出去的那一面肯定是“CLOSE”了！

这就是美国数学中平移（Slide）、对折（Flip）和旋转（Turn）概念的一个现实应用。

什么是平移、对折和旋转

下面的内容都出自绘本*My Path to Math*。平移，指一个物体原封不动地从一个位置移到另外一个位置。对折，可以是水平对折，也可以是垂直对折。旋转，可以分为顺时针旋转和逆时针旋转。

为什么要学平移、对折和旋转

平移、对折和旋转这个知识点在美国数学中很重要。小学1 ~ 2年级的时候，会专门教平移、对折和旋转。智商测试中，也能看到它的身影。当然，奥数就更不用说了。

因为这个概念太重要了，所以美国人特意就这个专题出版了绘本，*My Path to Math*系列的绘本都是结合生活中的实例讲各个数学知识点的。在生活中也能经常发现平移、对折和旋转的例子，比如照镜子。此外，科学也离不开这一概念，比如光的反射。就连很多世界名画，如达·芬奇的《维特鲁威人》都有平移、对折和旋转的身影。

怎么学平移、对折和旋转

美国老师喜欢用一些图文方式来教数学，比如憨憨的老师就经常会发一些下面这样的作业纸。

学对折：

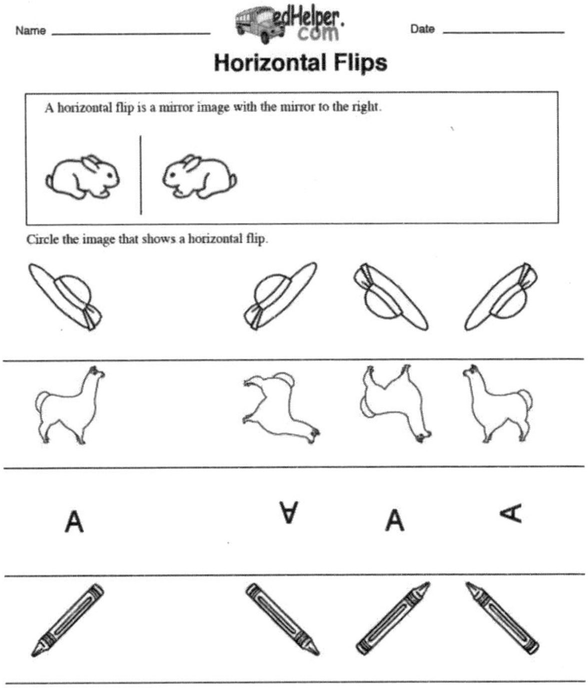

学旋转：

Name ____________ edHelper.com Date ____________

Clockwise Turn

A clockwise turn is a small turn to the right and down.

Circle the image that shows a clockwise turn.

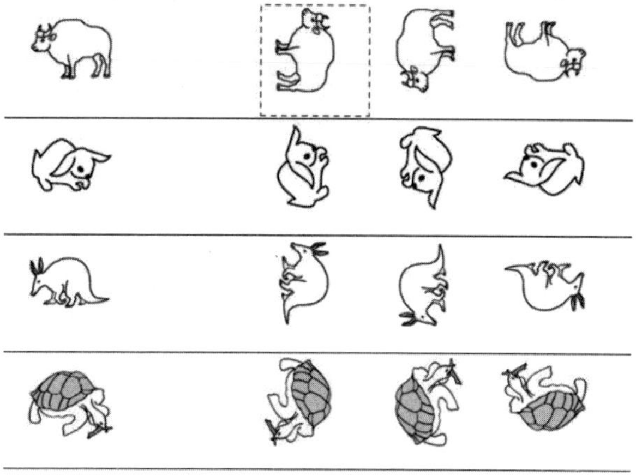

在家用扑克牌玩转数学启蒙

如何让孩子从枯燥的数字中找到数学的乐趣，是每个家长都在思索的课题。这里我分享一下跟憨憨尝试的一种玩扑克牌学数学的方法。

这套方法的主旨是训练孩子的加减法以及心算能力，适合3岁以上的孩子，难度可以由父母自由调整，多玩几次后，孩子加减法的心算能力绝对会获得质的飞跃。

下面我以一个简单的例子来介绍游戏过程。

游戏过程

游戏人数为2人，每人分到3张牌，分别是1、2、3，游戏赢点是6。每人每次出一张牌，统计双方已出牌的数字总和，如果哪一方出的牌使总和正好等于6，那么该方获胜；而如果哪一方出的牌使总和超过6，那么该方失败。游戏的目的是尽可能地让自己在本轮出牌中达到赢点6，而不让对方的出牌达到赢点。

例1：有A和B两个人在比赛，假设A首先出2，接着B出1，那么下面轮到A出的时候，A出3，结果总和是6，A获胜。

例2：有A和B两个人在比赛，假设A首先出1，接着B出1，然后A出2，最后B出2，那么总和是6，B获胜。

例3：有A和B两个人在比赛，假设A首先出2，接着B出2，然后A出3，因为总和是7，超过6了，所以A失败，而B获胜。

看上去很简单是吗？

其实这里是有诀窍的，在玩的过程中，一是我们自己出的数字正好使总和达到赢点6；二是让对方没有选择，出的数字只能超过赢点6。

领悟到第一点的孩子说明已经掌握了6以内的加减法，而领悟到第二点的孩子，说明是更上一层楼的“小神童”了。

还是用上面的例子，有A和B两个人在比赛，假设A首先出1，B也出1，那么离赢点最后剩的数字是4，要知道A最大的数字是3，下一轮A出牌，无论如何也不可能达到4的，但是如果A随便出一个数字，则会让剩余的数字少于4，从而会让B获胜。

要注意，因为B已经出过1了，所以他的手中并没有1，因此如果A出3的话，那么现在的总和是5，而B必须出1才能赢，可是B有1吗？没有，他只能出2或者3，从而让总和超过6而失败。

在这个游戏过程中，我们需要循序渐进地逐渐引导孩子运用加减法来解决问题，并取得最后的胜利。

第一步，学习用加法来计算当前数字总和。如果孩子的心算暂时还不熟练，可以让他用一张纸把数字写出来，在纸上做加法，之后再慢慢往心算过渡。

第二步，学习用减法来计算还差多少数字到达赢点。

第三步，看别人出过的数字，计算该出什么数字才能不让别人赢。

游戏难度

游戏难度可以由父母自由调节，难度分为两类。

第一类是数字：父母可以指定比赛的赢点是多少，比如说我跟憨憨玩的是赢点24，也就是说每个人拿12张牌，牌的数字是1~12，最后看谁先加到24就算谁赢。你也可以选择任意数字来作为赢点。

第二类是人数：游戏可以2个人玩，也可以增加难度3个人玩。游戏规则不变，但是因为人数增多，里面的数字也会变多，从而计算量会增大，同时要考虑的情况也更加复杂。比如3个人的话，每个人12张牌，那么我们可以设置赢点为36，这样的比赛更刺激。

注意事项：游戏过程中父母可以适当让着孩子，让他们试着用不同的数字组合达到赢点；父母也需要引导孩子出安全牌，不让父母赢。当然，当孩子每打出一张好牌时，父母也需要故作震惊和崇拜状，嘴里不断称赞："哇，这张牌出得太厉害了！我该怎么办呢？"这时候孩子一定会在旁边得意地偷笑的。至于表情的夸张程度，就看爸爸妈妈们的演技啦！

用魔方进行数学启蒙的秘密

魔方价廉物美，不仅有益于孩子的智力开发，而且还有很多神奇的教学功能。下面我们就来聊聊魔方如何用于数学启蒙。

几岁开始玩魔方

玩魔方非常锻炼孩子的思维能力和空间想象力。在美国，很多妈妈从宝宝3个月起就开始给他们玩魔方了，她们的“魔鬼训练”是这样的：

买一个三阶魔方，撕掉上面所有的颜色贴纸，只保留2张白色的贴纸，目的是让孩子能够将这两个白色的方块连接起来。如果孩子搞定白色方块，那么就陆续增加颜色贴纸以增加难度，最后是把54张贴纸全部贴上。按照这样的训练方式，4岁之前，孩子就可以轻松玩转魔方了。

我们常见的魔方是三阶的，二阶魔方是所有魔方里最简单的，建议孩子入门从二阶开始，二阶的玩法和三阶有很多相同之处，只不过会相对简单一些，孩子也更容易有成就感。当然如果不努力的话，这个成就感也是很难得到的。

怎样玩魔方

玩魔方是有诀窍的，以二阶魔方为例，简单来说，我们要分三关：
第一关：把魔方顶部颜色对齐。
第二关：把魔方底部颜色对齐。
第三关：调整魔方侧面的顺序。

每一关都包含很多小步骤，我们可以带着孩子慢慢来，每过一关就跟孩子庆祝一下，激发他挑战下一关的斗志。

数学启蒙神器

如果仅仅把魔方作为一个玩具，那就太可惜了，我们还可以从魔方身上挖掘出更多功能，比如它可以用于数学启蒙。美国有些教育机构早已将魔方当作平日的教具，来给小朋友讲解枯燥的数学知识。

美国共同核心课程标准（Common Core）里定义了各个年级的学生在学校里需要掌握的内容，而魔方作为一款教具，从幼儿园到小学四五年级都能发挥不小的作用。

数数

让孩子数魔方有几个面，每个面上有几种颜色，有几个方块。再难一点儿，可以问孩子魔方一共由几个方块组成，一共有几种颜色。这个数数的方式简单直接。适合1岁以上的孩子。

加减法

用魔方来练习加减法真是再适合不过了，比如这个面有2个白色方块，我们转动一下，多出了2个白色方块，那么现在共有几个白色方块呢?

再比如，这个面有9个红色方块，我们转动一下，有3个红色方块消失了，那么还剩下几个呢？如果孩子能理解简单的加法，那么我们可以再复杂一点儿，连续转2次，甚至3次，让他算算最后的总数是多少。这可不就是加减法的训练吗？适合3岁以上的孩子。

测量

比如测量魔方的长度是多少，宽度、高度分别是多少。测量每个格子的长、宽、高又各是多少。简单一点儿，可以以格子为单位；如果想复杂一点儿，拿出尺子来，让宝宝学会用尺子来测量。这就是测量训练，适合4岁以上的孩子。

几何

比如用魔方给孩子讲三维和二维的概念。用魔方演示什么是上面、下面、左边、右边、前面、后面。

再深一点儿，可以用魔方来演示什么是平面对角线，什么是立体对角线。还可以教什么是垂直，什么是水平。

再难一点儿，可以问孩子，如果某个面顺时针旋转90度，那么这个方块会跑到什么位置呢？如果逆时针旋转90度又会怎样呢？如果旋转180度呢？旋转270度呢?

发挥想象力，也可以教更多几何知识，适合2岁以上的孩子。

乘除法

魔方有3层，每层有2个红色方块，那么总共有几个红色方块啊？这就是3×2。如果我们转动一下，变成两层，每层3个红色方块，那么共有几个红色方块啊？这就是2×3。

每个方块是2厘米，每层有3个方块，那么每层有多长呢？

再难一点儿，如果长是3个方块，宽是3个方块，高是3个方块，那么堆起来，总共是几个方块呢？

通过类似的方法可以教孩子乘除法，适合7岁以上孩子。

憨爸分享

（1）魔方色彩鲜艳，的确很招孩子喜欢，孩子拿到手后肯定会兴奋地吧嗒吧嗒玩几下，但如果玩了很久都没法学会，就会扔在一边放弃了，所以父母的引导非常重要。通过魔方能让孩子学到怎样的知识，就看你的能耐了。

（2）爸妈得先学会玩魔方，然后才能教孩子。这里透露一个小秘密，当孩子在屡次尝试都无果的情况下，将魔方交到你手里，而你轻轻松松瞬间将魔方还原，孩子眼神中的那种崇拜之情就别提了。

（3）在玩魔方的过程中，如果反复倒腾仍不能归位，孩子就很容易产生挫败感。比如我家憨憨从开始玩的时候正襟危坐到后面的四脚朝天，这时候就需要耐心、耐心再耐心，当孩子经过不懈努力终于搞定的时候，那份惊喜和兴奋是无法用言语来描述的。

用二维码激发孩子的学习兴趣

美国最火的学校AltSchool里有一位老师，某天突发奇想，竟然用二维码给孩子进行教学，没想到的是，效果非常好。

生活中到处都有二维码的身影，AltSchool的那位老师巧妙地将生活中司空见惯的二维码融入了教学中，不但能激发孩子的探索欲，还极大增加了他们的学习兴趣。

于是，我熬了两个晚上研究它，终于小有心得。其实用二维码教学可不是AltSchool的专利，美国早就有不少天才的老师想了各种各样稀奇古怪的点子，把二维码用在课堂的游戏里面。

用二维码玩数学

我在家也制作了一堆二维码卡片，然后抽出其中一张，憨憨看到的第一反应是一头雾水，这是什么东西啊？

我打开微信里的“扫一扫”，让他扫一下，没想到很快跳出来一道题：

Find the sum of 3+7

这不就是一道数学计算吗？

憨憨很兴奋地一下算出了结果，然后就找到答案“10”对应的二维码，接着再扫一下二维码。

这回扫出来的题目是：

6 － 1＝?

憨憨兴奋地继续算，得出答案“5”后，紧接着再找“5”对应的二维码。按照这样的流程继续计算下去，就能到达最终的目标：找到终极二维码了，它扫出来的结果就是：

You Are all done! Great job!

此时，这个数学游戏全部结束，大功告成，你通关啦！

用这种方式将数学题融入趣味游戏中，孩子可以一边探索一边解题。很多玩过此游戏的孩子纷纷表示，从来没有这么喜欢过数学。

用二维码学认时钟

教孩子认识时钟可不是件容易的事情，因为有点儿复杂，所以孩子很容易就失去兴趣，父母也因此丧失耐心。但如果把认时钟的学习融入二维码游戏里面呢？

咱们扫一下第一个二维码，手机里很快就跳出来一张时钟图片，如果答对后，再扫下一个二维码。这么一个个扫过去后，很快孩子就对时钟了如指掌了。

其实学习内容和课本并无差异，但由于学习过程增加了揭秘的趣味性，因此孩子们一直兴致勃勃。

用二维码玩单词

用二维码学习英文单词也是一个很不错的主意。题目左边是一幅图，要求孩子写出这幅图对应的单词，而右边的二维码就藏有答案。

记得我平时给憨憨默写单词的时候，有时他忘记单词就想翻书偷看答案，这回可是控制住作弊行为了。

用二维码玩英语口语

父母给孩子念完一个故事，或者孩子读完一本书后，我们需要鼓励孩子谈谈对这个故事的看法，一来训练口语表达，二来也是加深对书本的理解。可是有些孩子不愿意说怎么办？那就试试二维码吧！

咱们可以DIY一个二维码的骰子，骰子的每一面都有一个二维码，每个二维码对应不同的题，比如：

“What did you do well?”

“What helps you to lean? Why？”

……

每个人扔出骰子后，扫一下二维码，然后就得回答相应的问题。在这种方式的刺激下，就算是“熊孩子”，也都会抢着扔骰子回答问题了！如果父母陪着孩子玩这个骰子，孩子会非常兴奋，语言潜能仿佛瞬间爆发。

看了这么多，你也想试试给孩子做二维码了，对不对？下面我教你一个简单的方法快速制作二维码。

我们需要先把题目准备好，然后用二维码生成器生成一个二维码。如果扫描这个二维码，看到的文字就是你事先准备的题了。

憨爸分享

二维码既好玩又有用，那么爸爸妈妈如何制作二维码呢？这里我给大家推荐一款二维码生成器。

草料二维码生成器：http://cli.im。这是一个国内的二维码生成网站，你可以在文本框内输入你想融入二维码中的内容，然后点击“生成”就好了，当然你也可以给网站生成一个二维码。

数学启蒙要重视逻辑规律的训练

我在辅导几个孩子学数学时发现了一个很有意思的问题。当时我给他们出了一道题目：1 + 3 + 5 + 7 + … + 49＝？我问他们最后答案是多少。

这道题本身是考查孩子是否会用高斯算法来简化题目的难度。但还没等我讲高斯算法，其中有个二年级的孩子表示对省略号不理解。

我告诉他，这是一个有规律的数字序列，从1一直加到49，前几个是1，3，5，7，然后7之后是9，9后面是11。可紧接着，那个孩子问我："那11后面呢？"

我一时有点儿语塞，一般6～7岁的孩子应该对数字规律都有基本的理解，但这个孩子因为平时父母对这方面引导得比较少，逻辑能力有点儿欠缺，这就直接影响了他对题目的理解，更别提做出答案了。

在数学启蒙中，有一个概念叫作规律，这个规律可以是图形，可以是数字，也可以是颜色，总之变化很多。

憨憨在很小的时候，我就开始训练他逻辑规律方面的思维，当时也没想那么多，只是觉得这不但可以培养他的逻辑能力，而且他做得也很有兴趣。但是等憨憨长大后，到了二三年级，我就发现这种逻辑规律的题目越来越多地出现在他们数学课当中，直接决定了孩子数学成绩的好坏。很庆幸他小时候我给他这方面的训练比较多，所以现在每次给他讲解数学题时都比较轻松，稍微点拨一下他就明白了。

比如有一天跟憨憨看"可汗学院"，在讲数字规律那个章节时，就看到这样一道火柴棒题，说用6根火柴棒可以搭一座房子（见下图）。

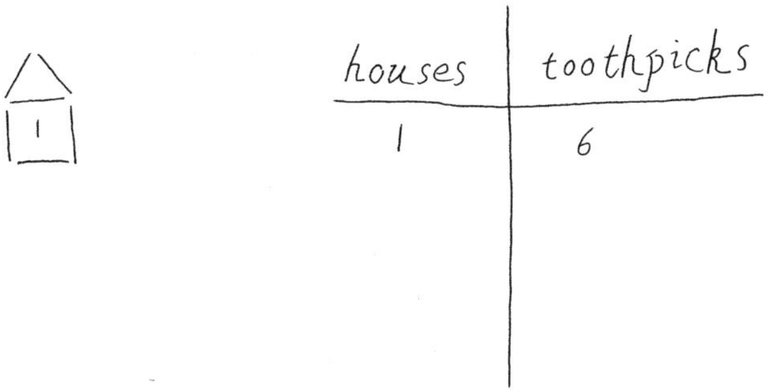

如果在旁边再搭一座房子（见下图）呢？因为有一根火柴棒可以共用，所以只需要11根就好。

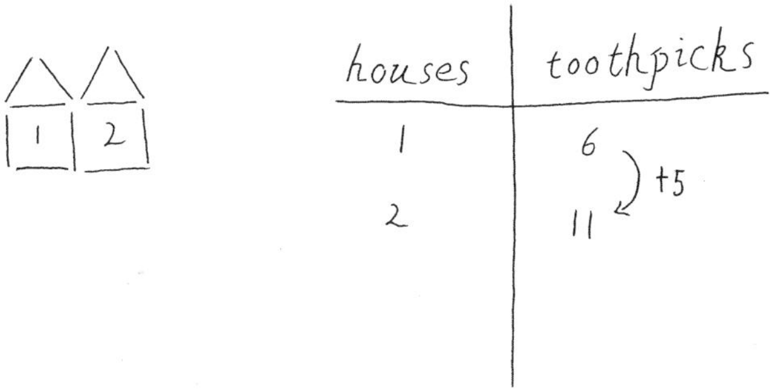

按这种规律下去，如果搭4座房子（见下图），那么就需要21根火柴棒。

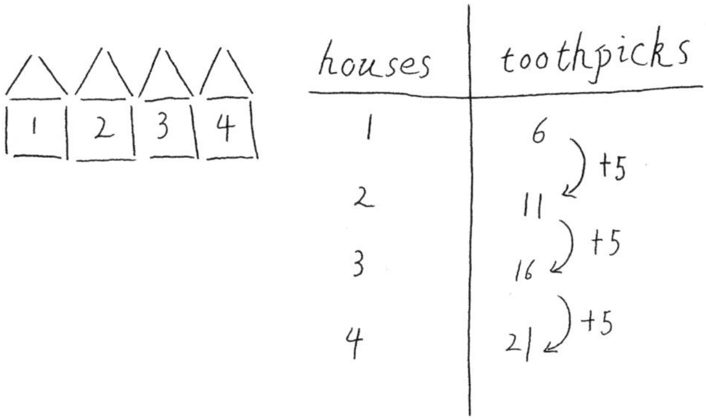

题目是：如果搭10座房子，需要多少火柴棒?

这是一道数字规律题，虽然题都是用火柴棒的图片来展示，但需要孩子将图片转化成数字，然后找出数字的规律。

如果孩子没有很好的逻辑思维能力，这种题他做起来肯定很吃力，你给他讲解起来也会觉得很抓狂。

所以说，小时候如果不注重培养孩子的逻辑能力，那么孩子将来在学习上也会特别辛苦。

怎么培养逻辑能力

培养孩子的逻辑能力是一个很漫长的过程，从小到大需要不断训练。根据我辅导憨憨的经验，我认为，数字规律的训练基本上都是脱胎于下面几种形式。

图形训练

这种题目是用图形、颜色的方式来表达规律。

根据下面左边图片，从右边三组图中选择出正确表达图形规律的一组来。

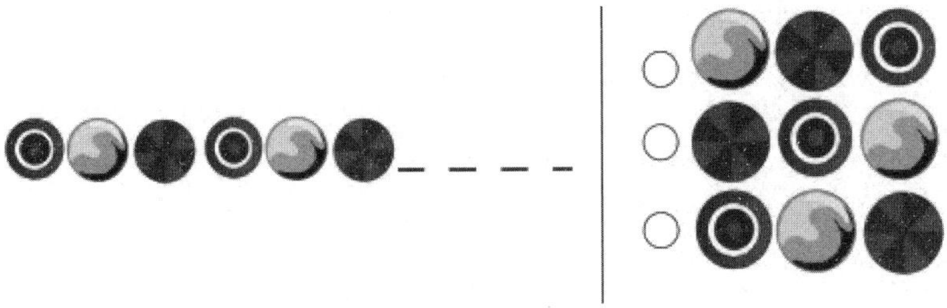

上面这种题是入门级别的，如果孩子觉得没有难度的话，就可以进阶到找出拥有相同逻辑规律的图形。这种题就不是简单的相同图形了，而是要将规律给抽象出来。

等再难一点儿就是下面这种题目了，需要将图形规律用数字表示出来，比如下面的图形，用1/2或者A/B来表达图形规律。

将下面的图形分别用字母“A”和“B”或“1”和“2”表示在下面空白框内。

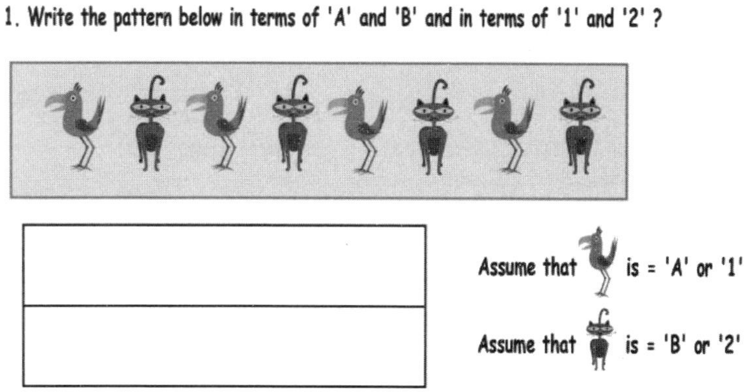

图形规律训练比较适合5岁以下的孩子，因为这个阶段的孩子对数字还不是很熟悉，用图形来引导最为适合。很多智商测试题就是这种图形规律的题目，这是有科学依据的，因为掌握图形规律后，升级到数字规律才会更得心应手。

数字训练

这种训练一般都是用加减乘除来表示数字的规律，我经常趁憨憨没事的时候，写一串数字，让他找规律。

比如下面这种，这类题目就是每两个数字之间间隔一个固定的数字。

（1）48，46，44，42，40，38，36，____

（2）26，35，44，53，62，71，80，____

第一道题每两个数字间隔（−2），第二道题每两个数字间隔（+9），做这种题不但能锻炼他的逻辑能力，而且也能锻炼他的加减法计算能力。

后来这种固定数字间隔的题目难不倒他了，我就开始加大难度，每两个数字之间的间隔数不一样，而且数字的规律体现于间隔数之间。

看下面这个例子：

3，7，12，18，25，33，42，____

这个题目的数字规律其实是：+4，+5，+6，+7……因此题目数字本身没有规律，但是这规律却存在于两两数字间隔之中。

再比如下面这个题目：

95，93，89，83，75，65，53，____

这个题目的数字规律是：−2，−4，−6，−8，−10……跟上面是一样的规律，只不过数字是递减的。

还有一种题目难度更大一些，也是间隔数字的规律：

56，54，61，59，66，64，71，____

这个题目的规律是：−2，+7，−2，+7，−2，+7……

因此它们的间隔规律是−2 / +7 的组合。

数字规律的训练适合5岁以后的孩子进行，很多奥数题都是基于这种数字规律的变种。

憨爸分享

我整理了一些逻辑规律的练习题，你可以在公众号“憨爸在美国”的对话框发送“规律”2个字，就能得到下载链接。

一般5岁以下的孩子适合用图形来培养逻辑能力，5岁以后更适合直接用数字来了解规律，而且这种能力也需要大量练习。为了以后学习更轻松，爸爸妈妈们平时要让孩子多做训练。

要想孩子数学好，一定要培养“建模”能力

辅导憨憨数学时我有很多感触，如果想学好数学，真不是计算算得快、刷题刷得多就能达到的。有些基本技能需要从小练起，否则等孩子稍微大点儿，真心会觉得吃力。

下面是憨憨上3年级时做的一道题：

Andrew和Kevin一共有350块钱，当Andrew花了60块，并且Kevin花了30块后，他俩的钱一样多，问这两个男孩之前各有多少钱？

憨妈一看到这个题目，第一反应就是用方程式，假设Andrew的钱是x，Kevin的钱是y，列两个方程式就解出来了。可我对她说：“3年级的孩子还没学到方程式呢。”于是她沉默了。正确的解题方法如下：

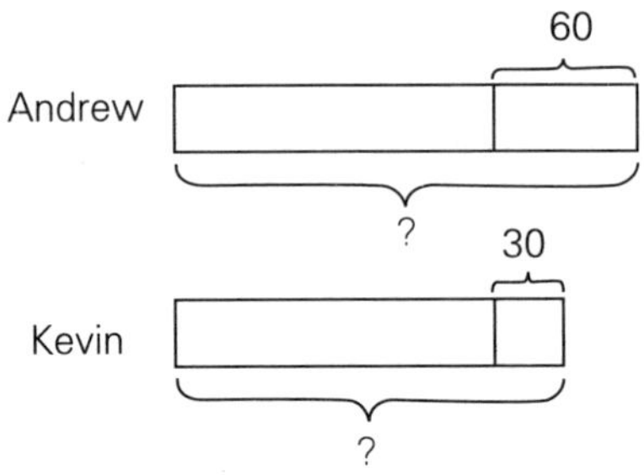

$350-60-30=260$

2u ⟶ 260

1u ⟶ $260\div2=130$

$130+30=160$

$130+60=190$

Andrew 一开始有190块钱，Kevin一开始有160块钱。

这里需要孩子学会如何建立模型，俗称“建模”。

“建模”这个词乍听起来特别高大上，我们大学时组织参加国际数学竞赛，就会考查学生建模能力。其实，建模能力不仅仅对高等数学很重要，对于数学入门也非常关键。像我上面举的这个例子，如果孩子不会建模，他理解起来就会非常困难。

什么是建模

建模的基本思想就是将一个问题用图表的形式展现出来，最后用数学方法解答。所以，它有两个最核心的技能，一是会画图，二是会计算。

先说说画图，画图一般就是画一个长方形的格子来代表题目中的某些条件。比如下面这道题：

3A班和3B班一共有200本书，3A班的书是3B班的4倍，那么3A班和3B班各有多少书？

那么孩子就需要能画出下面的图来，3A班的长方形和3B班的长方形分别对应他们所拥有的书的数量。

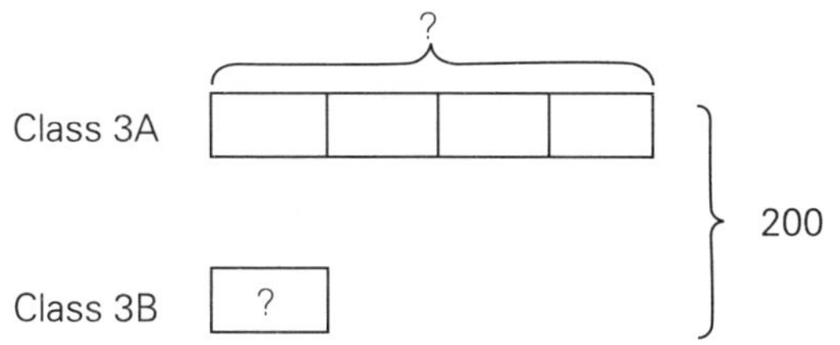

可别小看了画图，其中也很有技术含量，它要求孩子尽量做到长方形的长度和题目描述的意思吻合。就这道题目而言，3A班的长度尽量画

成3B班长度的4倍，这点很重要，因为它能帮助孩子理解并进行下一步计算。憨憨刚开始解题的时候，这个长度画得就很不准，结果图画得非但没能帮他理解，反而让他更迷糊了。

其次就是计算，如果图画得好，那么计算就是轻而易举了。

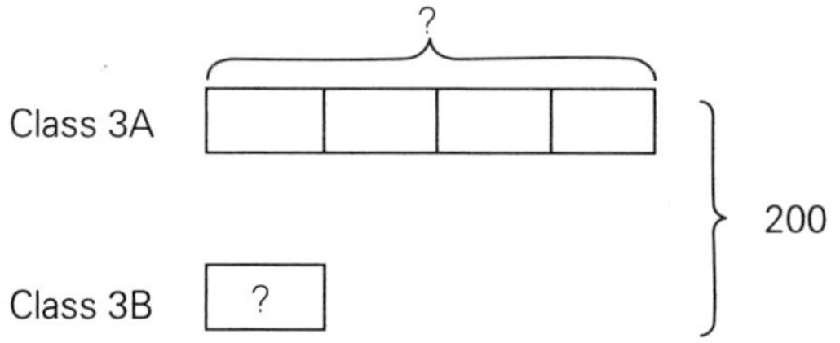

5u → 200

1u → 200 ÷ 5 = 40

4u → 4 × 40 = 160

3A班有160本书，3B班有40本书。

比如上面这道题，因为有图表的基础，所以可以将200分成5等份，从而计算出每个单元的数量。

由此可见，建模能力对于学好数学而言非常关键。以我的经验看，用建模的方式教数学，不仅能够大大增强孩子的理解力，而且能加快他的解题速度。因为这个知识点并不高深，只要孩子会数数、会计算就可以学，而且非常有效。

如何学习建模

建模是一套非常完善的教学方法，新加坡数学教学中特别喜欢用，后来在美国也开始流行起来。我前面说过，如果孩子能够将题目用模型的方式建立起来，那么会非常有助于他理解。下面我们看看通过建模怎么入门学数学。

用建模方法学加法

两个数相加，可以抽象成两个长方形，比如下面这个例子，但是注意3所代表的长方形要比4的长方形短。

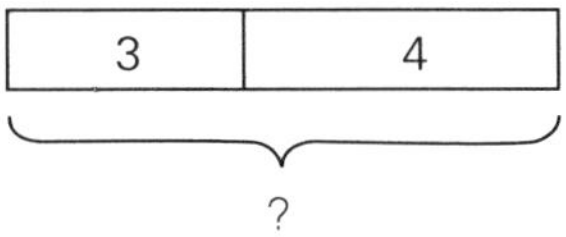

$3+4=?$

也可以画成这样：

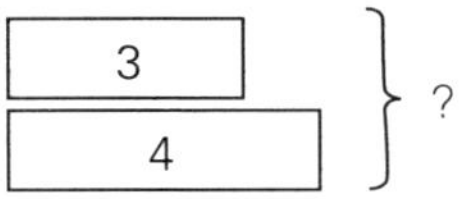

$3+4=?$

用建模方法学减法

如果是减法，可以画成下面这样的图：

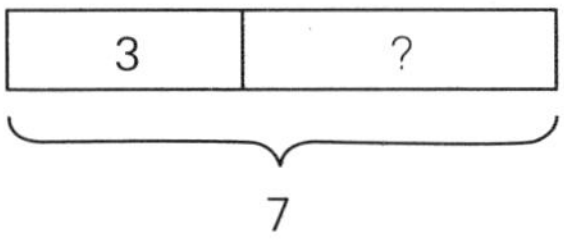

$7-3=?$

也可以这样：

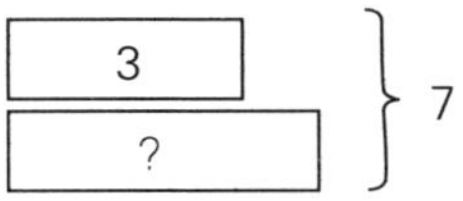

$7-3=?$

用建模方法学乘法

乘法用建模的方法可以这样表示，比如3×8：

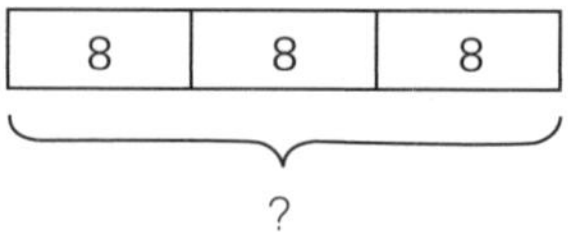

$3 \times 8 = ?$

用建模方法学除法

除法用建模的方法可以这样表示，比如24÷3：

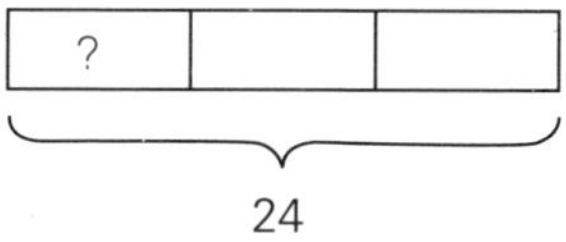

$24 \div 3 = ?$

用建模方法做数字比较

比如表示比17多4的数字，可以画成下面的样子：

用建模方法学分数

如果用建模方法学习分数，可以画成下面的样子：

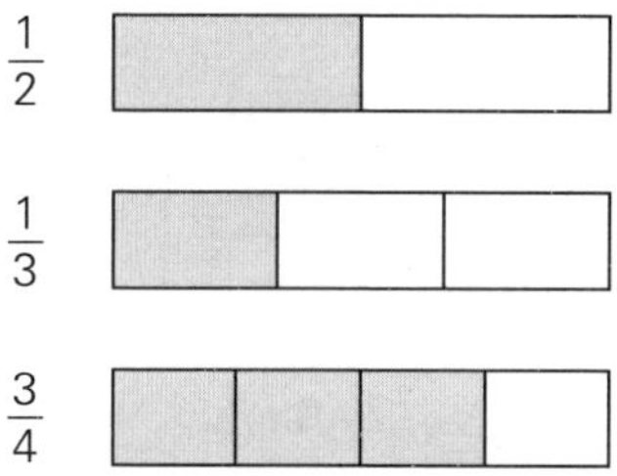

用建模方法学百分比

百分比的表示方法，可以画成下面的样子：

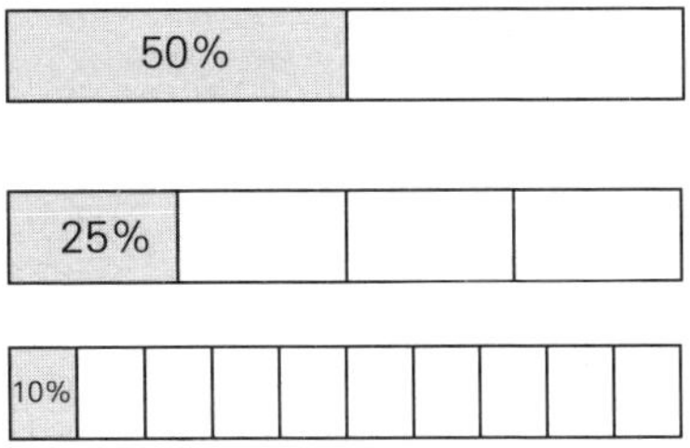

上面这些都是建模最基本的技巧，就我辅导憨憨的体会来看，这么做有两个很明显的好处：

- 用建模方式跟孩子讲数学，会更加直观，也更容易理解。
- 孩子如果掌握建模方式，能帮助他理解题意，更快地得到答案。

憨爸分享

如果你对如何教孩子建模感兴趣，我给你推荐一个非常好的资源，是新加坡针对建模这个主题开发的数学学习网站，里面涵盖了如何用建模的方式学习数学的各个知识点，我的很多灵感也是来源于此。

你在公众号“憨爸在美国”的对话框里回复“建模”2个字，就可以得到这个学习网站的网址。

如果你希望孩子数学学得轻松，你教得省心，建议还是好好训练孩子的建模能力，这样你和孩子都可以节省大把的时间。

陪孩子玩转数独

数独最早出现在18世纪的瑞士，后来流传到美国，在美国一直不温不火，而流传到日本后却大放异彩。

1997年，英国《泰晤士报》报道了数独这个游戏，没想到瞬间风靡了整个英格兰，最后又风靡欧洲和美国，大人和小孩都为之痴迷，很多学校也用它来对孩子进行脑力训练。

传统的数独是一种运用纸、笔进行演算的逻辑游戏。玩家需要根据9×9盘面上的已知数字，推理出所有剩余空格的数字，并满足每一行、每一列、每一个粗线宫内的数字均含1～9，不重复。

可千万别小看了这几个数字，难起来那也是相当“烧脑”。根据统计，一个9×9的盘面，就有高达6，670，903，752，021，072，936，960种组合。

玩数独的好处

提高孩子的逻辑思维能力

现在很多家长注重孩子的学科教学，但忽视了逻辑思维和因果推理能力的培养。很多时候，孩子是被动地接受结果，而缺乏让他们探索这个结果为什么会产生的过程。而数独恰恰能帮助孩子训练逻辑思维能力、因果推理能力，这在孩子的早期教育中尤为重要。

教孩子怎样做决定

数独能让孩子在已有的线索下快速做决定。有人曾采访一群玩数独的孩子，问他们为什么会痴迷数独。他们说，因为玩数独的时候自己能够独立掌控全局，每一个决定很快就能看到答案，只要思维缜密、逻辑合理，就能得到正确的结果。

帮助孩子训练大脑

大脑就像身体一样，需要不断地训练，只有经过训练才能变得更加聪明。而数独能训练孩子的大脑。

能让大脑更活跃

很多家长都担心孩子沉迷电视和游戏，数独能把孩子从屏幕前拉回来，和孩子玩数独，在亲子娱乐的同时还能充分开发大脑，两全其美。

训练专注力

数独要求专注于细节，包括观察规律、留意机会、找准合适时机。它能训练孩子的条理性和系统思维的能力。无论是学习还是工作，都需要有一个专注细节、思维清晰、有条理的大脑。

怎么玩数独

数独的基本款有4×4、6×6和9×9几种，当然还有很多变种。

4×4

对于幼儿来说，4×4就足够烧脑了。4×4的数独的原则是，1～4这4个数字在每一行、每一列和每一个粗线宫中都只出现一次。

比如下面这一题：

2	3	1	
3		2	

最后答案是：

4	1	3	2
2	3	1	4
1	2	4	3
3	4	2	1

6×6

如果4×4没法难倒孩子，那么就试试挑战更高难度的6×6吧！

比如下面这一题：

5		1	6	3	
	4		5		
1			2	4	
	6		3		
3		6	4		

最后答案是：

5	2	1	6	3	4
6	4	3	5	1	2
1	3	5	2	4	6
2	6	4	3	5	1
4	5	2	1	6	3
3	1	6	4	2	5

9x9

如果连6×6都能轻松地搞定，那么试试终极难度的9×9了！

比如说下面这一题：

				4			7	8
		2	7	8		1		4
4		8			1	6		
7				6	2	9		1
		5	1		4		8	
8	2	1	9	7		4	3	
1			3		9			7
2					7	3		
	4	7	6	5	8	2	1	9

最后答案是：

9	1	3	2	4	6	5	7	8
5	6	2	7	8	3	1	9	4
4	7	8	5	9	1	6	2	3
7	3	4	8	6	2	9	5	1
6	9	5	1	3	4	7	8	2
8	2	1	9	7	5	4	3	6
1	5	6	3	2	9	8	4	7
2	8	9	4	1	7	3	6	5
3	4	7	6	5	8	2	1	9

憨爸分享

我整理了一整套4×4、6×6和9×9的数独训练题，只要在公众号“憨爸在美国”的对话框里回复“数独”就能拿到这些题。

第六章

英语启蒙，在家建立英语语境

在英语学习中融入孩子的兴趣点，就自然而然地为孩子建立了一个英语语境，而孩子则能在这个环境中飞速地成长。

父母英语不标准也可以教孩子吗

不少家长在问我："父母英语发音不标准，怎么教孩子？"其实，在出国之前我也有和大家同样的烦恼，现在我就在美国工作和生活的经历来谈谈对这个问题的看法。

美国充斥着世界各地口音

美国是个移民国家，移民多了，来自世界各地的口音自然也多了。虽然大家在这里都说英语，但都不可避免地带有自己国家那种特有的口音。

以我所在的部门为例，我们部门有美国人、英国人、中国人、印度人、伊朗人、越南人、印度尼西亚人、罗马尼亚人、芬兰人、意大利人。每次开会，就是各种口音大融合。从进公司的第一天起，我就不得不时刻竖起耳朵，别人说话时，我大气都不敢喘一声，生怕漏听了一个音节而影响我揣摩对方的意思。后来才想明白，其实说英语时有口音也不要紧，因为很多人都有口音。

口音不影响生活和工作

那么，有口音会不会被歧视呢？职场上会不会因此而遭遇瓶颈呢？就我所处的环境和工作经历来看，有口音并不会带来这些影响。如果论口音，印度人的英语口音在全世界可是数一数二的，可这不妨碍印度人在美国职场上叱咤风云。

在美国这个多元化的国家里，英语口音并不重要，就算有口音，只要能力足够出色，一样可以在职场上取得很大的成就。

相比口音，说清楚最关键

美国著名语言学家、*Speak Like Yourself* 一书的作者Jezra Kaye曾说过一个故事：有一天，一个法国人向她求助，说觉得自己说英语时口音太重了，说出来很不好意思，问她怎么办。Jezra听了他的讲述后，告诉他两点："一是你的英语很流利。二是有口音没关系，因为我可以理解你说的每个字。"所以，她的观点是，不管有没有口音，最关键的是让别人能够理解你说的意思。

能说和说的话能被他人理解，是英语口语中最重要的两个因素。但很多人有个误区，认为自己英语说得不好，是因为口音阻碍了他们。其实恰恰相反，Jezra认为，90%口语不好的人是因为说话习惯导致自己的口语难以让别人听懂。

口语坏习惯包括：

- 说话太快。
- 吐字含糊。
- 语言组织能力差。
- 说话不连贯。
- 说话没有重点，不知所云。
- 还没有给听众留下反应和消化的时间，就直奔下一个主题。

值得注意的是，这里的坏习惯都与口音无关。

那么，如何让自己的口语表达更清晰呢？Jezra提出了6点建议，分别是：

•在每个主题切换的时候，需要将语速放缓。

•辅音要发音清晰。

•说话的时候要张开嘴。

•对于重要词语，要加重语气。

•给听众留足反应的时间。

•和听众保持互动，问问他们的意见，如果他们没听懂，可以再重复一遍。

所以，在训练憨憨说英语的时候，我们更看重他能否把自己想说的意思完整地表达出来，并且别人能够充分理解，这远比关心他是英式发音还是美式发音更加重要。

孩子英语发音不标准怎么办

一次，我给电信公司打电话设置家里网络，接电话的是一位有着很重墨西哥英语口音的男子。我说“贼肉”，对方表示不解。我咽了咽口水，继续说“贼肉”。对方还是不解。反复说了几次“贼肉”之后，我怒了，直接跟他说：“It´s a number starting before number one. It´s not positive or negative. Understand?”（这是1前面的一个数字，它既不是正数，也不是负数，这回明白了吗？）

停了半晌，那边传来幽幽的声音：“Zero？”（是数字零吗？）

“Yes.”我终于舒了口气。

不就是报个数字，我容易吗？不过，这件事让我深深地为自己的英语发音感到悲哀，谁叫自己的英语发音不标准呢。

为什么会有口音

我们发音的时候，是将空气从肺部推向喉咙和声带，通过嘴，经过舌头、牙齿和嘴唇，最后传递出去。当我们需要改变发音的时候，大部分时间我们会运用嘴部的肌肉、舌头和嘴唇去控制嘴型以及空气的流动。如果我们可以正确地控制嘴型和空气的流动，那我们的发音将会很标准。

可问题是，用中文说话和用英语说话时的嘴部肌肉动作是有很大区别的。当我们习惯于说一种语言的时候，嘴部肌肉已经适应这种语言，而突然说另外一种语言时就会因为嘴部肌肉的不适应而产生口音。

对我来说，一个很大的问题是我平时语速比较快，而说英文的时候，脑子还是停留在讲中文的节奏中，因此嘴也不由自主地跟着快了起来。可是，因为本来发音就不是很标准，口型也不是很对，为了追求语速，口型就更不到位了，这就经常造成发音不准。所以我的美国老板总劝我："别急别急，慢慢说，慢慢说。"

于是，我逐渐领悟到，说英语千万不要追求语速，保持一个标准的口型是非常重要的。

发音不标准怎么办

有一次，我到一位朋友家做客，他上高中的女儿参加过斯坦福大学举办的少年辩论赛，口才相当了得，发音超级纯正。我很纳闷，他也是一位中国移民，口语虽然流利，但发音也比我好不到哪里去，怎么他女儿的英语如此地道呢？

朋友跟我说，小孩的语言天赋是很高的，只要在他们开始说英语的时候，口型标准，这样他们的发音就绝对不用发愁了。

从朋友那里，我学到了几个培养孩子正确发音的小秘诀。

口型游戏

有一个很好玩的口型游戏是猜单词。具体玩法就是对着孩子念一个单词，但是不要发出声音来，让孩子根据口型猜测是什么单词。

这个游戏在语言培训机构经常会用到，它能让孩子专注于观察口型，并通过口型来猜测不同的发音。因为孩子拥有超强的模仿能力，当他明白对方说的单词后，他也会跟着对方的口型一起来发音了。

因为口型是发音的基础，当有了正确的口型，离一口标准的发音也不远了。

找相同韵脚的单词

这个游戏是美国老师的最爱，上课的时候经常会用。老师会给学生们发一张练习纸，给出几个单词，并让学生们写出韵脚相同的单词。比如说chair，孩子们可以写hair、wear、pear……

每种韵脚的发音口型都是一样的，掌握好一种韵脚的发音，那么也就学会了该韵脚的单词的发音。其实这也就是自然拼读法教学方式。

绕口令

绕口令是中国人喜欢玩的一种语言游戏，其实美国人也有绕口令，他们称为*Tongue Twisters*。和孩子一起说绕口令既能训练发音，又能增加乐趣。憨憨经常用在学校里学到的绕口令向我挑战，他每次看见我甘拜下风的表情就非常得意。

下面是憨憨在学校学会的绕口令，他就是拿这个“秒杀”我的，特别是最后一句，我怎么说都说不溜。

She sells sea shells on the sea shore.

A proper copper coffee pot.

Red lorry, yellow lorry, red lorry, yellow lorry.

A big black bug bit a big black bear.

英文绕口令对于训练发音的效果很明显，因为绕口令的句子中每个单词的发音都有些相似，如果不能保持好的口型，那是很难读标准的。因此，为了能读清楚整个句子，憨憨会一个字一个字地留意每个单词的发音，甚至对于发音相近的词，他会着重将某些发音加重语气，重点强调，就是为了和别的音区别开。绕口令读多了后，这对他的发音确实帮助不小。

口语是道坎，如何引导孩子说

我经常收到家长们这样的提问："孩子不愿意开口说英语，怎么办？"有意思的是，孩子如果英语没有基础，不愿意说也就算了；但是有些孩子英语基础还不错，词汇量也不少，可就是不愿意说，这是怎么回事呢？

遇到这种情况，很多父母会叹一口气，说这是环境的问题，因为没有语言环境，所以孩子的口语没法提高……

我以前也真以为是语言环境的问题，可后来从一个新移民到美国的朋友身上看到事情并非如此。朋友的儿子去了当地一所很好的学校，朋友觉得有了好的学校，有了好的语言环境，孩子的英语水平肯定很快就上来了，于是她也没怎么管。可是上了一年多后，她发现孩子平时还是不爱说英文。

当问起孩子为什么不说英文时，孩子的回答是"我不爱说"，结果朋友发现，孩子上学的时候，经常一个人活动，跟别的同学在一起的时候，也是静静地看，不说话，语言障碍已经影响了孩子的社交……

这个现象说明，孩子不爱开口说英文，不仅仅是语言环境的问题了。

为什么孩子不爱开口说

听得少

教育专业人士做了一项调查研究，他们统计了人们日常交流的时间，发现40%～50%的时间是在听，25%～30%的时间是在说，11%～16%的时间是在阅读，只有9%的时间是在写。

这个研究结果证明了“听”在语言学习中的重要性，既然将近50%的时间都是在听，那么孩子平时英文学习过程中，是不是将50%的时间花在了“听”上？

对于说母语，有一个规则叫作段落化规则（Segmentation Rules）。也就是说，当我们听别人说话时，大脑会将听到的信息分成一段一段地储存在短期记忆中。所以，我们对母语很好理解，也很容易进行语言的交互活动。

但外语则是另一番场景，我们没有建立起这种段落化规则，每次听别人说话后，大脑储存的是文字，而不是图像。这就是为什么很多人在听外语时需要额外转化成自己能理解的母语的原因。我们在用语言反馈给别人的时候，也需要将文字从母语转化成外语，这样速度自然就慢了一拍。

我们经常说，学外语要磨耳朵，这个磨耳朵其实就是培养大脑的段落化规则。

因此，听得不够多，自然就影响了说。

父母不配合

在美国学校，有一门叫作英语第二语言（English as Second Language）的课程，这门课程是专门为英语非母语的孩子准备的。如果在美国上学，孩子英语测试一旦不达标，老师会推荐去参加英语第二语言课程的学习。而英语第二语言课程的老师针对孩子的语言学习对家长有3条重要的要求：

- 经常和老师保持沟通。
- 给孩子做个学习榜样。
- 经常陪孩子亲子阅读。

尤其是第三点，很多家长做得并不够。因为对于中国家长来说，有个很大的困惑是，有些父母会觉得自己发音不标准，不敢在孩子面前读，生怕影响孩子的发音。因此他们会给孩子买一堆英文绘本，也会准备点读笔、音频之类，潜台词就是："我虽然不会读，但材料都给你们准备好了，你们可要好好读！"

但是你会发现，如果家长不去跟孩子一起读，孩子常常缺乏阅读的兴趣；如果家长不跟孩子说英语，孩子是不会用英语跟你交流的。

因此，父母的不配合也影响了孩子说英语。

父母干涉太多

这和前面的问题相比是另外一个极端，我是在憨憨的中文学习中发现这个问题的，他现在经常在家说英语，我就时不时地提醒他："说中文！说中文！"有时他语句不通顺，我还会纠正他。

比如有一次，他要表达"I got this book at last"时将中文说成"我拿到这本书，最后"，我就开始纠正他，应该是"我最后拿到这本书"。

因为这类纠正的话说得太多，小家伙显然有点儿泄气，感觉受到了打击，于是中文就说得更少了。这个问题说明了我们在孩子说第二语言的时候，不要过多苛责他们在学习中的错误，否则干涉太多，孩子是会丧失勇气的。

怎样才能让孩子开口说

为了让孩子多说英语，我总结的方法就两点：一是多听，二是多交互。多听指的是，多听英语童谣，多听英语动画片，多听父母、老师、朋友说英语。多交互指的是，多和孩子用英语交流。

这里有一些小技巧可以参考。

选择交互性的动画片

这类交互性的动画片其实比较少，《爱探险的朵拉》是其中的优秀代表。

这部动画片的交互性非常好，通常剧情进行到某个阶段的时候，朵拉会停下来，问小朋友一个问题，然后中间留足大约10秒时间，让孩子回答问题。这样孩子就会在卡通人物的引导下慢慢开始说英语了。

我们最初也是用这部动画片给憨憨进行英语启蒙的。

选择亲子共读的英文绘本

在陪孩子读绘本的时候，有个很常见的现象是，父母不断在读，而孩子一直在听。一旦要求孩子独立读的时候，他就不太愿意。问题的根源就在“共读”这两个字上，单纯的父母读或者孩子读，其实互动效果都不大好。

针对这个问题，美国有一类分级共读绘本在英语启蒙阶段非常流行，这类绘本可以父母读一段，孩子读一段。其中代表作有两套，一套是 *You read to me. I'll read to you*，另外一套是*We Both Read*。

这类绘本最值得称道的地方是，一半是父母读，一半是孩子读，父母读的部分稍长，而孩子读的部分稍短。

这样的好处是，父母和孩子形成了一种交互，大家都能享受到阅读的乐趣，而且孩子也愿意开口读了。

研究机构还做了一项测试，当父母和学生采用*We Both Read*这套书做亲子共读时，学生的阅读成绩提高将近2倍；而如果和其他同类书籍比起来，提高的幅度是其他书籍的3倍左右。

憨妈当年可是把图书馆里这类亲子共读绘本都借来跟憨憨读了一遍，所以憨憨的英语口语才进步很快。

想让孩子开口说，其实最关键的还是要父母善于引导才行。如果父母不作为，就算有好的语言环境，孩子还是说不好。

在家建立英语语境，帮孩子提升英语水平

曾有一个妈妈问我："憨憨刚去美国的时候适应那里的学习环境吗？你们去美国之前英语是怎么练的？上的什么英语辅导班呢？"

回头想想，我家憨憨是4岁来的美国，来了之后很快就适应了美国的英语环境，和外国小伙伴们打成一片。

刚开始报名上学的时候，憨憨的学校要求对英语非母语的学生进行语言测试，如果英语不达标，就会强制要求去英语第二语言的培训学校学习。我们一开始时有些忐忑，想突击一下，但无从下手，根本不知道题目会是怎样的。

测试后，憨憨说很简单，都能听得懂，也能说得出，跟平时做游戏一样。结果也证明，他的语言测试水平优秀，一次达标。

我这才觉得，原来英语启蒙远没有想象中那么难，不需要上辅导班，在家里付出点儿时间和精力，完全就能做得很棒。

学英语是需要语境的，语境特别体现在听和说上，但是我们的孩子往往比较缺少这方面的锻炼。

我就是一个反面教材，虽然我的英语学得还算不错，但是仅限于应试中，语法、阅读理解、完形填空，我都能轻松搞定，而听力和口语就不行了。因为我在中学上英语课的时候，英语老师都是用中文来讲课，基本没有英语语境。

因此，如果要学好英语，我们一定得给孩子一个良好的英语语境。

听欧美儿歌创造语境

憨憨出生后不久，我们就给他买了一堆欧美经典儿歌的CD，每天都放给他听，这套CD里都是一些英语经典儿歌，旋律很欢快。我们每天早上起床时听，开车时也听。刚开始听的时候，憨憨就是被音乐所吸引，还会跟着蹦蹦跳跳一番。

此外，我们也会找一些歌词简单的儿歌跟着他一起哼唱，比如*Mary had a little lamb*，歌词很简单，憨憨一开始会含糊地跟着歌曲念词，我们结合歌词引导他后，他的发音很快就标准了。等听多了，这几十个单词他就都会跟着发音了。通过这样的方式，“磨耳朵”真正产生了效果。

我认为，听英语“磨耳朵”有两个要点：一是选一些经典英文儿歌，给孩子多听。二是对于孩子喜欢的儿歌，和他一起念歌词，唱出来。

很多家长容易忽视第二步，个人认为，第二步是“磨耳朵”的关键，因为当音乐响起的时候，给了孩子一种很好的英语语境代入感，而只有当孩子张开嘴跟着唱的时候，他才能真正融入这种语境。

除了通过音乐的方式建立语境，通过动画片也能建立语境。

比如说，憨憨两三岁的时候，我们就给他看《爱探险的朵拉》。选这部动画片的原因有3点。一是这部动画片是基于探险展开情节的，能激发孩子的求知欲、探索欲和勇气；二是互动很多，比如经常会请孩子回答问题；三是剧中还时不时地来几句西班牙语，顺便学习第三种语言了。

通过这部动画片是非常容易建立语境的。比如朵拉遇到难题的时候会停下来，问小朋友：“你们是否知道答案呢？”

3秒钟后她会说：“Great，你的回答太棒了！”并给出她的思考方式和标准答案。每次朵拉提问的时候，我都希望憨憨能够主动回答，当然也是用英语。其实回答难度并不大，有时候是回答一些颜色，有时候是找拼图，有时候是找动物。如果憨憨遇到困难、不想回答，我就会将动画片暂停，然后帮他分析答案。所以说通过动画片形成语境，引导孩子跟着一起张口说能帮助孩子提高英语水平。

当然，朵拉所散发的魅力还不止于此。因为朵拉探险的剧情一般会安排三关，当朵拉闯过三关以后，才能到达终点，完成任务。所以，在动画片结束后，我经常会根据动画片里的主题来给憨憨布置一些探索游戏。

一开始，我会画一张地图（因为朵拉探险就是从地图开始的），并将地图放入他的书包里，然后给他设置几个关卡，比如过独木桥、钻山洞、单脚跳、用球砸中目标等。过下一关之前，我都会问憨憨一个问题，问题一般取自这集动画片，但我要求他用英语来回答。

问题一般很简单，比如有一次“过独木桥”，我在独木桥周围放了几只鳄鱼的模型，然后问他：“How many crocodiles in the river? ”（河里面有几只鳄鱼？）

有时候也会出些逻辑题，比如，“Dora is taller than Benny, Benny is taller than Boots. Who is the tallest? ”（Dora比Benny高，Benny比Boots高，这里面谁最高？）

在学习英语时你会发现，数学计算、逻辑推理、科学知识都可以融入英语游戏中，用解谜的方式来提高孩子的学习兴趣，这样才能真正创建语言学习环境。

这种游戏玩多了以后，憨憨也开始有奇思妙想，便自己画地图设计起游戏来。他在每个关卡自行设计问题，将问题用英语写出来。如果有不清楚的地方，他会把相关的那集动画片翻出来，再仔细听一遍，看看句子该怎么说，问题该怎么设计。

这个过程不仅大大提升了他的英语水平，而且使他在看动画片时成了带着问题边听边理解，这样他对动画片中的情节、语句掌握得会更扎实。

组织问题和回答问题的难度完全不同，回答问题的时候，憨憨只需要蹦出几个简单的单词，但是组织问题他就需要考虑句式、语气、逻辑等，难度无形中会增加很多。

所以，朵拉系列动画片憨憨基本上每集都看了2～3遍。

回到开篇的问题，是否该给孩子报英语辅导班？我的回答是，如果你对自己有信心，而且愿意付出时间和孩子共同学习、一起进步，那么我强烈建议，在家里和孩子一起学。因为，只有你最了解自己的孩子，也知道他的兴趣点。如果能在英语学习中融入他们的兴趣点，自然而然就为孩子建立了一个英语语境，而孩子则能在这个语境中飞速地成长。

学会Sight Word，轻松积累词汇

很多妈妈问我美国孩子的单词是怎么学的。说实话，对于背单词我也是很头痛，有一天了解了憨憨学校的单词教学方式后，我才豁然开朗，原来美国学校的单词多是从Sight Word（常见英文词）开始的。

什么是Sight Word

Sight Word是一些常见的英文词，特别是在儿童读本中经常出现，学校鼓励儿童记住这些词，让他们不需要任何拼读解码就认识这些词。

在儿童的初级英文教材中，Sight Word大约占了总字数的75%。孩子认识Sight Word的好处是，在接触初级教材时，阅读前就已认识其中大部分的单词了，因此孩子可以专心理解教材的内容，而不必为了每个词的拼读解码而中断阅读。因此认识Sight Word对阅读而言非常重要。

很多专家认为，识别Sight Word的能力对刚刚开始学习阅读的孩子很有帮助，因为Sight Word中有些词的读法并不符合自然拼读法的规则，有些词的意义也不容易用图片来表示。比如was，它既不符合自然拼读法的规则，又是一个抽象概念，不容易用图片来表示。

一般而言，学Sight Word最常用的就是两本单词册：*Dolch Sight Words*和*The Magic 100 Words*。

*Dolch*单词册是Dolch博士在1930~1940年编写的，面向的是学前班到

3年级的儿童，它包括了220个服务性单词和95个常见名词，美国学校课本中50% ~ 75%的单词都来源于这套单词册。

*Dolch*单词册的服务性单词包括代词、形容词、动词、连接词、副词和介词，而这些词往往都不太好通过图片的方式形象地展示出来。

*Dolch*单词册还有一个升级版，叫作*Fry*单词册，这套单词册是由Fry博士于1950年发明的，面向的是1 ~ 6年级的儿童，单词量从*Dolch*单词册的220个升至1000个，所以如果掌握了*Fry*单词册，孩子就相当于掌握了美国学校课本中90%的单词量。

单词册*The Magic 100 Words*（100个魔法单词）是由资深的教育家Marcella Reiter编写的，整套单词册分为3个阶段，分别是Magic 100 Words（1 ~ 100 words)，Magic 200 Words（101 ~ 200 words）and Magic 300 Words（201 ~ 300 words)。它大约能覆盖学校里70%的单词量。

或许有人会想，*Dolch*、*Fry*和*Magic Word*，到底选哪一套好了呢？

我家憨憨在学校学的Sight Word来源于*Dolch*单词册，这套单词的特点是单词不多、难度不大却很实用。从憨憨的学习情况来看，我很推荐3年级以下的孩子学习。

如果发现孩子的单词记忆力很棒，*Dolch*单词册的200多个单词已经不能满足他了，那么就挑战一下*Fry*单词册吧！这也适合年龄大一点儿的孩子。

Sight Word怎么学

有人不禁发愁了，这么多Sight Word，学起来是不是很痛苦啊？其实不然，美国老师有很多学习Sight Word的小诀窍，比如下面这几个游戏，可以让孩子在玩中学。

Sight Words Bingo

在这个游戏里，每个小朋友有一组bingo卡片（见下图），大人每次报一个单词，如果单词在孩子的卡片上，他就画一个圈，谁能积满一行、一列或者对角线的圈圈，谁就能获胜。

laugh	half	own	today	small
together	done	never	carry	about
only	try	●	hold	hurt
drink	full	myself	kind	if
light	eight	bring	warm	shall

Sight Words Snakes & Ladders

在这个游戏里，每个孩子轮流掷骰子，然后根据点数走到相应的格子里，并念出格子中对应的单词（见下图），谁先到达终点谁为赢家。

Finish	eat	around	red	yellow	fast	very	they
it	use	up	him	went	by	no	want
funny	sing	please	green	give	good	with	three
brown	around	we	away	goes	first	four	these
he	many	his	open	ate	too	out	has
did	make	always	upon	go	was	their	read
found	your	get	don't	down	could	like	ride
start	does	but	sit	who	see	am	to

Sight Words Fly Swat

在这个游戏里，每张绘有苍蝇图案的卡片里都有一个单词，大人每报一个单词，孩子需要迅速找到对应的“苍蝇”并一拍子下去。

Sight Words Fishing

在这个游戏里，在每张小鱼形状的卡片写上一个单词，然后放在地上，孩子们轮流钓鱼，钓到鱼后需要念出鱼身上的单词才能算抓住这条鱼。

Sight Words Memory

这个游戏拼的是孩子的记忆力，每次翻两张卡片，翻到一样的卡片后需要读出对应的单词，然后卡片才归为己有。

Sight Words Tic-Tac-Toe

这个游戏将Tic-Tac-Toe和Sight Word结合起来了，轮到谁走的时候，没那么简单，需先念出一个Sight Word单词才行。

Sight Words Parking Lot

地上事先做好一个个“停车库”，每个“车库”都有对应的单词，大人每次报出一个单词后，孩子需要将“汽车”停到相应的“车库”中。

憨爸分享

关于*Dolch*单词册的学习，推荐网站，http://www.kidzone.ws/dolch/。这里罗列了从学前班到3年级每个年龄段孩子需要掌握的单词，而且可以免费下载。

美国老师是这样教孩子背单词的

通过憨憨学习英文单词，我发现美国老师的要求竟然与我们小时候的学习颇有几分相似——背诵、默写、练字一样也少不了，都是拼的苦功夫啊！下面让我们具体看看美国老师的单词教学要求。

单词默写

每周一，憨憨学校的老师会将本周要学习的单词布置下来，到了周五的时候会进行默写。每次默写12个单词，另外再加上3个之前学过的单词，共计默写15个单词。此外还要听写2句话，这两句话也会用到之前学过的单词。

在孩子进行默写的时候，特别是对于听写的句子，除了考查拼写是否正确之外，还要检查标点、大小写、空格等是否正确。

举个例子，有一次老师给孩子们听写“I like America.”，就是这么一句话，有的小朋友忘记加最后的句号，有的小朋友写“A”时忘记大写，还有的小朋友不小心两个单词中间多空了几格，这些都是扣分的。

所以说，背单词没有什么捷径，就算是美国的孩子也得一个个反复背诵、默写才行。

背诵诀窍

背诵并不意味着死记硬背，还是有诀窍的。憨憨的老师就提供了一些小窍门，让学生更容易记住单词。

•将背诵的单词按照ABC的字母顺序罗列出来。

•背单词的时候，最好造一个句子，便于理解。

•造句的时候，尽可能多地使用背诵的单词。

•仔细思考单词的韵律。

•按照名词、动词、形容词给单词分类。

•编一个故事，故事中包含背诵的单词。

•以背诵的单词为原型，画一幅画，然后告诉大家这个单词是什么意思。

自然拼读法教学

通过自然拼读法学习单词是美国学校中非常普遍的一种做法，关于如何教授自然拼读法，憨憨的老师采用的是SIPPS教学法（Systematic Instruction in Phonics and Phoneme AwAreness）。SIPPS是美国老师教自然拼读法的一种主流方法，它提供了一套系统方法，帮助孩子掌握阅读技能、培养阅读自信，从而能够提高阅读理解能力，加快阅读速度。

憨爸分享

关于怎样使用SIPPS教学，可以参见这个网站：https://www.collaborativeclassroom.org/sipps。

再隆重推荐一个通过自然拼读法学习单词的好网站：Teach Your Monster to Read，链接为：http://www.teachyourmonstertoread.com。

它有网站和APP两个版本，APP是收费的，但是网站内容是免费的，因此可以让孩子尝试一下用这个软件学习英文单词，配合可爱的小怪物，孩子学起来肯定是充满乐趣的。

附：憨憨一年级所学的单词列表

Week of 5/4

trip, tree, say, said, hop, train, number, stop, stopped, one, temperature, weather

Week of 4/27

why, try, trying, eat, mean, read, sunny, fly, treat, each, air, wind

Week of 4/20

this, then, thing, thank, bank, with, wish, think, sing, these, silk, worm

Week of 4/6

boy, toy, oil, soil, other, mother, sister, boil, brother, father, rabbit, spring

Week of 3/30

you, your, yes, yell, drop, line, side, dress, draw, saw, symbol, landmark

Week of 3/23

Have, give, love, from, live, friend, much, such, old, told, walk, around

Week of 3/16

more, store, stand, star, blew, flew, new, stone, sting, ring, green, gold

Week of 3/9

her, girl, turn, hurt, first, were, card, part, start ,Are, equal, greater

Week of 3/2

now, down, how, out, shout, about, our, house, slow, show, read, America

Week of 2/23

too, good, book, shook, school, when, what, took, who, soon, president, valentine

Week of 2/9

way, away, today, chain, wait, chase, play, played, rain, paint, dragon, parade

Week of 2/2

boat, coat, float, long, along, belong, paw, fawn, tall, wall, hole, shadow

Week of 1/26

Candy, went, sent, take, like, puppy, time, didn´t, by, my, heart, cold

Week of 1/20

send, back, end, bath, fast, last, both, must, just, black, fair, peace

Week of 1/12

place, make, making, help, here, want, nice, to, two, into, new, year

Week of 1/5

some, come, home, fun, funny, run, running, ran, us, use, snowflake, snowman

Week of 12/8

the, that, them, day, may, made, was, of, if, a, snow, rain

Week of 12/1

no, go, going, most, kind, find, gave, so, do, doing, holiday, winter

Week of 11/17

be, see, got, she, sheep, shop, queen, been, bee, he, pumpkin, turkey

Week of 11/3

add, ask, came, name, ride, bone, save, kite, cute, mine, every, even

Week of 10/20

up, it, him, I, or, for, four, we, man, men, door, does

Week of 10/13

is, his, an, and, Can, all, call, land, small, hand, catch, Candy

Week of 10/6

as, has, fox, box, mix, egg, jam, pet, nap, big, before, book

Week of 9/29

on, not, but, at, had, in, did, get, red, hot, about, also

分级英文绘本的选择技巧

在美国上幼儿园和小学，老师基本上不留课后作业，唯一的任务就是阅读，比如憨憨的老师给学生们布置的课后作业就两个，一是Raz Kids的在线阅读，二是每周领一本书回家精读。

美国老师布置阅读任务很有意思，都是按照学生能力量身定做的。Raz Kids自不必说，它提供的教学系统能让学生自己追踪学习进度，系统里的书籍也是分级阅读，可以保证学生从易到难一步步升级。而每周一本的阅读任务也是根据学生能力量身定做，每个学生领回家的书都是不同的。

有一次，我特地留意了一下老师给憨憨的书籍，发现每本书都对应一个难度等级，老师会给每个学生记录他所处的阅读等级。因此，每次给学生们布置课后阅读任务的时候，老师会根据学生所对应的等级来选择书籍，如果连续几次这个难度等级的书该学生都读得很好，那么就会给他升级到下一等级。

美国学生的阅读训练都是遵从这个分级制度展开的。说起这个阅读分级制度还有个故事，最早美国学校是没有这种分级阅读存在的，可是教育者感觉越来越不对劲儿，他们发现，虽然学生们阅读量也不少，可是到了大学后，面对复杂的科研文献，很多学生却表示看不懂。

后来教育者和研究者们发现这是因为学生们在小学、初中和高中的时候，普遍缺乏复杂文章的阅读训练，虽然阅读的书籍很多，但是应付大学的那种高深学术文献就觉得力不从心。这就像咱们小时候，琼瑶、金庸的小说看了很多，可是到了大学，对阅读学术文章似乎没啥帮助。

于是，美国教育部就推出了共同核心课程标准（Common Core），其中对于阅读文章还定义了文章复杂度这个概念，这个概念有3个属性，分别是质、量和阅读任务。

简单来说，这个标准就是要求老师给学生布置阅读任务的时候，循序渐进地引导学生们阅读各种类型的复杂文章，文章类别既要有故事类，也要有非故事类。

从憨憨带回来的绘本中就有所体现，有讲故事的，有讲火山的，有讲恐龙的，也有人物传记。此外，阅读难度也在不断提升。

如何判断孩子的阅读等级

绘本分级很好理解，市面上有好多分级绘本，但是很多人会好奇美国老师是怎么判断孩子的阅读级别呢？也就是说他们怎么知道这个孩子适合哪个级别的绘本呢？这里有一些小妙招分享给大家。

•选一本绘本，将书中所有的单词书记录下来并统计单词数。

•让孩子大声朗读这本绘本，全程不允许给任何提示或帮助。

•如果孩子有一个单词读错了，在这个单词上打个钩；如果孩子有一个单词跳过了，也在这个单词上打个钩；如果孩子寻求你的帮助，你可以让他再来一次；如果孩子实在不会读这个单词一定要你的帮助，那么就告诉他答案，但是记得在这个单词上打个钩。

•如果孩子因为口误，不小心读错，但后来又纠正了，不要给该单词打钩；如果孩子一个句子没读好，后面又正确重读了这个句子，那也不要给该单词打钩。

•等孩子读完，统计孩子的阅读正确率，公式如下：

阅读正确率＝（所有单词数－读错的单词数）÷所有单词数×100%

举个例子，如果一本书有79个单词，孩子读错了5个，那么他的正确率就是：

（79－5）÷79×100%＝94%

•一共找3本相同难度等级的书给孩子做测试，最后统计每本书的阅读正确率，并取平均值。

我们将孩子的阅读等级分为3类，分别是独立阅读型、指导阅读型和挫折阅读型。这3个类型指明了孩子对于这个等级绘本的适应程度。

•如果孩子的阅读正确率＞97%，这代表他处于独立阅读型级别，对这个难度等级的书，他完全可以做到自主阅读，可以考虑给他升级。

•如果孩子的阅读正确率在90%～97%，这代表他处于指导阅读型级别，需要帮助孩子多加练习。

•如果孩子的阅读正确率＜90%，这代表他处于挫折阅读型级别，这套绘本的难度对他而言可能有点儿高，可以考虑降点儿难度。

分级阅读绘本推荐

说到分级阅读，我们有太多的选择，比如*I Can read*、牛津树、*Raz Kids*都是其中的代表。在美国校园里最常用的分级阅读绘本非*Raz Kids*莫属。因为*Raz Kids*遵从的分级标准是Reading A–Z Level，从AA、A一直到Z、Z1、Z2，一共29个难度级别，而且它最大的特色是，每个级别的书都分为故事类和非故事类两大类，这样能保证孩子阅读面很均衡，这点和别的分级绘本有很大的区别，因为绝大多数分级绘本都是故事类的，而缺乏非故事类的，比如科学、历史、人物传记等方面的内容。

根据蓝思分级指数来给孩子挑英文绘本

现在市面上的英文绘本很多，而且每种绘本上都会标注一个适合的年龄范围，但按照这个年龄参考标准去选书的时候，我们会发现，孩子的实际接受程度和书推荐的年龄有时并不是很匹配。

这就是按照年龄来选书的弊端，它会带来两个问题：

•同一年龄段孩子的阅读能力是参差不齐的，比如说我家憨憨在2年级开始读《哈利·波特》，这套书官方推荐的年龄是9～12岁（也就是4年级到7年级），可是憨憨和他的好多同学都是超前阅读了，因为他们的阅读能力已经超过了一般2年级学生的水准。

•这个年龄分类参考是针对美国学生的，但是国内学生的英语能力普遍没有美国同龄学生那么好，因此标注的年龄参考是要打折的。

那么，怎样才能衡量孩子的英语阅读能力？怎样才能选对适合孩子的英文绘本呢？这里推荐一套美国很流行的阅读能力测评体系——蓝思分级（Lexile）。

什么是蓝思分级

关于蓝思分级，中国英语阅读教育研究院专门写了一篇论文来讲解这套测评体系。原文参见：http://www.chinAreading.org/node/18。

蓝思阅读测评体系是美国Metametircs教育公司受美国国家卫生研究院（National Institute of Health）资助，经过15年的研究开发出来的。它可以为读者的阅读能力和读物的难度等级做匹配，从而帮助教师、家长为孩子选择适合的读物。在美国，蓝思分级的使用机构遍布50个州，覆盖了美国学生人数的50%~75%。

蓝思分级从读物难度和读者阅读能力两个方面进行衡量，使用的是同一个度量标尺，因此读者可以根据自己的阅读能力，轻松地选择适合自己的读物。它使用数字加字母“L”作为衡量难度的度量标尺，难度范围为0L~1700L，数字越小表示读物难度越低或读者阅读能力越低，反之则表示读物难度越高或读者阅读能力越高。

举个例子，我们看这本Dr. Seuss 的Beginner级别的绘本《绿鸡蛋和火腿》（*Green Eggs And Ham*），官方推荐的适合年龄是3~7岁，它的蓝思指数是30L。

再看这本同样是Dr. Seuss的Beginner级别的《一条鱼 两条鱼 红色的鱼 蓝色的鱼》（*One Fish Two Fish Red Fish Blue Fish*），官方推荐的适合年龄还是3~7岁，但它的蓝思指数是180L。

可见，虽然是同一年龄层的绘本，但难度有高低之分，通过蓝思指数就能明显看出这本绘本的难度。

此外，每个孩子的阅读水平也都会对应一个蓝思数值，如果他阅读水平的数值比绘本的蓝思指数高很多，则说明绘本偏简单，对孩子阅读的帮助有限；而如果他阅读水平的数值比绘本的蓝思指数低很多，则说明绘本偏难，孩子阅读会有障碍。

这样一来，蓝思分级的意义就很明显了，我们给孩子选英文绘本的时候，可以根据蓝思指数来选择适合孩子的绘本，这样就不会太盲目了。

蓝思分级有哪些指数可以参照

上文提到蓝思指数一般是“数字 + L”的形式，其实在计算蓝思级别低于200L的图书或字数少于500个单词的图书时，由于这类图书文字较少，插图较多，语句重复率往往比较高，所以仅仅考虑语义难度和句法难度容易产生误差。因此，一般会用特殊符号表示。

这些符号如下：

AD=Adult Directed家长指导书籍。这类读物一般都是带有文字的绘本，适合家长陪同学龄前儿童一起阅读。

NC=Non-Conforming非常规书籍。这类读物的语言难度一般超过了目标读者的阅读能力。适合阅读能力高于平均水平的读者阅读。

HL=High-Low趣味性高但难度低的书籍。适合较高年级阅读能力较低的学生。

IG=Illustrated Guide图释。一般是百科全书。

GN=Graphic Novel连环画或漫画。

BR=Beginning Reading初级读物。

NP=Non-Prose非散文性文章。如诗歌、歌词或者菜谱。此类文章无法评定蓝思等级。

比如Dr. Seuss 的Beginner级别的《在爸爸身上蹦来跳去》（*Hop On Pop*），这本书文字很少，因此，它的蓝思指数就是BR。

比如Dr. Seuss的Beginner级别的《千奇百怪的脚》（*The Foot Book*），这本书是一首有韵律的小诗，因此，它的蓝思指数就是NP。

再比如Dr. Seuss的Beginner级别的《穿袜子的狐狸》（*Fox in Socks*），这本书内页文字比较多，适合父母和孩子一起亲子阅读，因此，它的蓝思指数就是AD420L。

如何查询英文书的蓝思指数

大多数书都已经被收录到蓝思分级的数据库中，因此最简单的方法就是登录蓝思分级的主页，https://www.lexile.com，然后在右上角的“Quick Book Search”中输入书名，最后点“Search”，就能得到你查的这本书的蓝思指数了。

值得注意的是，如果这本绘本很简单，文字太少，从而没法计算它的蓝思指数，那么很有可能你得到的指数是BR或者NP，意思是入门级别或者小诗歌。

其实，每个人的阅读能力也会对应一个蓝思指数，只不过这个测试需要有专业机构来进行，没法在家自测。我们可以通过孩子平时看的书，大致估算一下他的蓝思级别。

比如我家憨憨看的《哈利·波特》，蓝思指数是880L，通过这个我知道他的阅读水平是880L左右，以后选书我就会更有针对性，那种指数太高或者太低的书籍，我一般就不会选了。

美国著名的儿童阅读机构Reading A-Z还提供了一套蓝思级别和年龄的对应标准，这个标准能给家长一个很好的参考，至少对于孩子什么年龄该看什么书，家长就不会茫然了。

选择合适的英文绘本，把英语零基础的孩子训练成英语“小学霸”

憨憨的英文阅读在班级里处于一个比较高的水平，他很爱阅读，阅读量也很大，2年级时就能读四五年级的书目。想想他从零基础的英语到现在的英语程度，真和憨妈的辛勤调教密不可分呢！

训练孩子阅读能力，就从给孩子选一本合适的英语书开始。

按照孩子的兴趣选书

虽然是父母在选书，但是真正读书的是孩子自己。每本书都有自己的画风、版式风格、思想内容，有些书尽管评价高、销量好，还得过不少国际大奖，但并不是每个孩子都会喜欢。也有些书，父母乍一看觉得很无聊，画风也很粗糙，但是孩子偏偏很喜欢。

比如说那套Olivia小猪系列，我们拿到这套书的第一印象就是书中主人公形象好丑啊！封面是3D造型的小猪，怎么看也不够唯美、不够可爱。可没想到憨憨一见到便爱不释手，早就兴致勃勃地读起来了。

还有一套书是小象和小猪系列（*An Elephant and Piggie Book*），画风很普通，文字也很简单，每页纸基本不超过10个单词。可是，这套书每本都寓意深刻，而且能给孩子无限的想象空间，所以不同年龄阶段去读都会有不同的理解。憨憨上2年级时仍然很喜欢这套书，每次读都会呵呵地傻笑半天。

兴趣是支撑孩子英文阅读的第一大要素，选孩子喜欢的图书，是孩子走上阅读之路的关键。

选择应景的图书

选书还可以考虑应景这一原则，比如，最近有什么节日，是什么季节等。比如万圣节的时候，我们就给憨憨选择了很多万圣节主题的图书，一来拓展他的知识面，二来锻炼他的胆量。像*I Can read*这个系列里的*Flat Stanley*有鬼故事，粉红小猪中也有鬼故事。比如奥运会期间，我们给他选了篮球、棒球、网球明星的传记。比如夏天的主题阅读也很丰富。我们选过*I Can read*系列中关于游泳的书，*Biscuit*小狗系列中关于沙滩的书。

选择应景主题的好处是，能结合当前的事件对孩子进行引导，同时也进一步激发他们的阅读兴趣。

亲子共读

当孩子还没有养成读书习惯的时候，亲子共读就是最好的选择了。请注意，要共读，而不是父母给孩子念书或者孩子一个人读，而是孩子读一句，父母读一句。

有不少亲子共读的经典书籍可以选择，我们家特别喜欢*You Read to Me, I'll Read to You*系列。这几个系列中每本书都分红蓝两种字体，红色部分的文字一般很简单，由孩子读出来。蓝色部分稍微复杂点儿，由家长负责读。

很多父母担心自己口语不好会误导孩子，其实大可不必担心，不懂的单词我们可以去查字典，纠正自己的发音。在不断阅读的过程中，你会发现孩子英语水平提高了，自己的水平也在跟着进步呢！至少我们家就因此受益很大。

不要把自己英语不好作为逃避和孩子一起英语阅读的理由，至少，努力地去尝试才有成功的可能，而放弃则一定会失败。

憨爸分享

憨憨的阅读之路

憨憨的英文自主阅读是从4岁开始的，读的是*I Can read*系列。*I Can read*系列分为很多级别，其中*My Very First*和*My First*级别都很适合刚刚起步的小朋友。

5岁的时候，憨憨就开始进军*I Can read*的Level 1的级别了，同时穿插着青蛙弗洛格系列（*Froggy*）、小猪奥莉薇系列（*Olivia*）系列、小猪小象系列（*The Elephant and Piggie*）的绘本。

到了6岁，他开始读*I Can read*的Level 2和Level 3，同时阅读大量*Dr.Seuss´s*的书，这套书也是他们老师强烈推荐的。和*I Can read*不同，*Dr.Seuss´s*的文字非常有韵律和节奏感，读来朗朗上口。

像《旧帽子新帽子》（*Old Hat New Hat*）这本书，用对仗的词语讲帽子，很有趣。*Dr.Seuss´ s*和*I Can read*一样是分级别的，最早的也是从三四岁开始的。

憨憨在6岁半的时候开始迷上《神奇的树屋》（*Magic Tree House*），这是一套带有魔幻色彩的小说，不再是简单的绘本，文字量也开始加大。

憨憨在7岁时开始读《老鼠记者》（*Geronimo*），还有《小屁孩日记》（*Wimpy Kid*），以及《哈利·波特》。

我列举的都是美国的一些经典绘本，在国内大多都能买到它们的英文版，所以，赶紧让孩子读起来吧！

第七章

科学+艺术启蒙，原来很简单

艺术和科学常常是联系在一起的，利用艺术可以帮助孩子认识科学之美。只要多留意、多思考，引导孩子欣赏艺术之美，激发对科学的探索欲和求知欲，就能做好艺术和科学启蒙，提升他们的创造力。

在家怎样陪孩子玩转科学

有一次，憨憨的学校发通知说要举办一个科学展览，面向幼儿园到小学五年级的学生，希望学生们踊跃报名参加。

玩科学是美国学校的一大特色，他们从幼儿园、小学一直到高中的学习内容中，都有很多科学方面的内容。他们不是照本宣读这么简单，而是需要动手实践，所以学校也会定期举办一些科学展览活动，目的就是让小朋友们自己发挥创意，完成一些科学作品。

很多家长曾问我美国的科学课到底是怎么教的，如果自己在家引导孩子该怎么做。这里我就结合憨憨学校的一次科学展览，谈一谈给孩子讲科学到底该从何入手，做哪些准备。

明确学科学的目标

科学这个概念太大了，从物理、化学、生物到太空，这些都属于科学的范畴。美国学校里的科学课，内容可谓五花八门，每个老师都有自己的教学重点，而并没有一个统一的标准，不会要求每一堂课必须讲什么。

虽然老师可以自由安排科学课的内容，但所有老师给孩子制定的目标都是一样的，它包括以下5点。

- 激发孩子的好奇心和探索世界的欲望。
- 理解自然界的科学现象。

- 能够用语言和文字解释科学现象。
- 培养解决问题的能力。
- 能够分析数据和结果。

这5点看起来挺平常的，但它们是层层递进的关系。

怎么做科学小实验

美国老师给孩子布置实验项目时，一般会分为5个部分。比如下面这个光折射实验的例子。

实验假设

老师给孩子们准备了手电或者激光源，用它来照射不同的物质（水、空气、塑料和玻璃），老师会问："当光穿过这些物质后，会发生什么变化呢？"并且让学生将自己的假设写到纸上。

这个过程就是在激发孩子的好奇心和探索欲。

开始实验

实验分为4个步骤，分别是光在空气中直射、光穿过水、光穿过塑料、光穿过玻璃，每次实验都需要孩子记录下实验的结果，这个记录可以是文字，也可以是画图。

这个过程锻炼了孩子的动手能力，并且通过实验理解自然现象。

整理结论

实验做完后，老师要求学生们将实验发生的现象描述出来，结论主要有两点：一是光穿过空气时没有什么变化，但光穿过玻璃、水、塑料时就会发生折射；二是光穿过不同物质时折射的角度不一样。

这个过程锻炼孩子的归纳能力，将看到的现象通过文字总结出来。

分析结果

最后一部分，老师需要学生们分析一下观察到的结果或者数据，这种分析是基于已有结果的一种提炼。这时候，孩子们可以分析出来的结果就是：光穿过不同的物质会发生折射，而且物体不一样，折射角度也不一样。光穿过玻璃的时候，折射的幅度最大。

这个过程是鼓励孩子多思考、多分析，这样才能更好地理解。

展示环节

当孩子完成实验后，需要和大家分享这个实验，我前面所说的科学展览做的就是这件事。每个学生都需要将自己的实验作品带到学校，每个人都有一个展台，需要将自己的作品向观众做介绍。

参展的学生们都会将之前写的实验假设、实验步骤、实验材料、实验推论等贴在自己的展台上，最重要的是观众驻足观看自己的实验作品时，不仅要给观众介绍这个实验的原理、步骤，而且还要回答观众的提问。

这个过程非常考验孩子对这个实验的理解程度以及表达能力。

哪些实验适合孩子做

虽然科学实验很多，但是给孩子选择适合他们做的实验还是需要技巧的，给孩子选择实验有两个原则：一是操作性强，不能太难，否则孩子会很受挫；二是实验要有趣，否则孩子会失去兴趣。

基于这两点，憨憨的学校提供了两大实验主题，分别是物理实验和生物实验。

物理实验：比如研究纸尿裤，看哪个牌子吸水量最大？研究不同形状的冰块，它们的融化时间一样吗？建一座桥，什么形状的结构最结实？什么型号的电池使用的时间最长？……

生物实验：比如土地的类型怎样影响植物的生长？一种植物根发芽需要多久？一个适合生物居住的星球会有氧气吗？粉虱小虫子对光的反应如何？……

憨爸分享

我已经将憨憨学校的这套科学实验指导总结了出来，不仅有实验主题，还有实验记录表。这些实验是面向幼儿园和小学阶段的，非常适合父母和孩子在家做实验用。如果感兴趣，在公众号“憨爸在美国”对话框发送“科学实验”这4个字就能得到下载链接。

父母在平时教孩子科学知识的同时，不妨多带他们做做小实验，孩子们一定会很有收获的。

扎克伯格说，物理从小就该学

关于几岁开始学物理的问题，我套用Chris Ferrie教授的一句话："无论何时教孩子学物理，都不会觉得早。"不知道Chris教授？扎克伯格给女儿读的那套"量子物理学"绘本你听说过吧？Chris教授就是那套绘本的作者。

孩子为什么要学物理

我们不要把物理想象得过于高深，教孩子物理知识，也不是为了让他将来成为伟大的物理学家，而是为了让孩子了解这个世界的运行规律，从而更好地感知和认识这个世界。

简单点儿说，东西推一下能往前动，光通过玻璃能反射，水从高处往低处流等小的生活常识中都蕴含着物理知识，而孩子在成长过程中是非常需要这些知识的。

在家怎么教物理

说到物理，我们脑子里首先想到的就会是一堆公式和定理，什么牛顿运动定律、爱因斯坦相对论等，如果给孩子写上诸如 $s=vt$ 之类的公式，我敢保证，不出一秒钟，孩子就会跑开了。

教孩子物理知识，还得从物理的本质开始。物理是一门建立在实验基础上的学科。我们需要通过一个个小实验给孩子讲解科学原理，孩子只有亲身感受了这个实验，才会明白你想表达的意思。

另外，实验也要针对孩子的年龄来设计，不仅要简单易操作，而且必须得有趣。举个例子，为了让孩子理解密度，我之前和憨憨做了一个实验，利用不同液体的密度不同来进行颜色的分层。

这个实验做完后，憨憨就明白了，原来同样是液体，也有轻重之分，密度大的会在下面，密度小的会浮在上面。我都不需要给他讲什么质量、密度等相关的定理和公式，他就已经对这些基本概念有大概认识了。

当然除了做实验，读绘本和看动画片也是一种不错的方式，绘本和动画都是把复杂的事物通过简单的图画表达出来，也有助于孩子理解。比如扎克伯格给女儿读的绘本就很不错，用几个小球就将光学、量子物理这些高深的知识介绍清楚了。

给孩子教哪些物理知识

我总结了一下，父母可以从以下几个点来教孩子物理知识。

电（Electricity）

家里的电器都需要电，如果在电源关闭的情况下，电器是没有电的，只有当电源打开后，电流才会形成一条通路，这样电器才会工作。我们可以用电源开关给孩子讲解这个道理。再进一步，可以用电池给孩子讲正极和负极，找一个电动玩具，把电池仓打开，给孩子看看正负极，学着将电池按照正确的顺序装进去。如果再深一点儿，就可以讲讲怎么发电、电磁作用等。我曾经跟憨憨做过电磁圈，利用电磁场可以实现线圈在没有马达的情况下自动转动。

能量（Energy）

能量是一切物体运动的源泉。比如汽油能产生能量，让汽车开动。比如光是一种能量，在光的照射下，植物能够生长。比如火是一种能量，可以加热食物。再进一步，可以讲能量是可以传递的。比如说，炉火上烧菜，为什么菜能熟？就是因为炉火将能量传递给了锅里的菜，从而使它们能够加热而变熟。

力和运动（Force and Motion）

一切物体的运动都属于这个范畴，简单来说，带孩子去看汽车、飞机、轮船，告诉他们所有东西都能动。再深入一点儿，告诉孩子，一个物体就算是静止的，但它在外力的作用（如我们推它或者拉它）下，也会发生移动。如果讲得更深一些，可以让孩子明白相对参照物的道理，比如我们站着不动，看从身边急驰而过的汽车，我们会感觉自己似乎在往后退。

重力（Gravity）

这个知识点就是让孩子知道地球有引力牵引着我们，任何东西都会往下落，比如水会往低处流，球会往下掉等。再深一点儿，可以考考孩子，同时从高处往地上扔一个重的球和一个轻的球，它们落地的时间是不是一样。当然，咱们不需要像伽利略那样去比萨斜塔做这个实验，在家做做就可以。

光（Light）

首先得让孩子知道什么是光，比如太阳光、电灯光……然后可以跟孩子讲镜子是可以反光的，在一个小黑屋拿着电筒斜对着镜子照一下，就能看到旁边的墙壁有光了。再深一点儿，还可以告诉孩子白光可以分解成7种颜色，以及彩虹是怎么形成的。

磁（Magnetism）

找一块磁铁，首先向孩子展示一下磁铁能把铁制品吸附过来。然后，还可以给孩子演示磁铁的同性相斥、异性相吸的性质。

声音（Sound）

简单介绍声音时，只需要知道什么是声音、声音高和低、声音的多样性等。再深入的话，就是了解声音其实是一个个的波形，你可以打开iPhone的录音器，你在录音的时候，能看到声音的波形，波形越大表示声音越高，反之则声音越低。之后还可以讲讲声音是通过空气传播的，这就是为什么在太空里我们无法听到别人说话的原因。

给孩子讲讲引力波

2016年2月11日，美国的激光干涉引力波观测站（LIGO）项目组宣布发现了引力波的存在，“引力波”这3个字瞬间变成了2016年春天的热门词汇，可是引力波到底是个啥玩意儿？我们该怎样给孩子讲清楚引力波呢?

我尝试着给憨憨讲了一遍引力波，不求他有多深的理解，只是想让他知道有这么一回事，而且能对科学充满好奇和探索之心。

引力波是爱因斯坦广义相对论的一个基础，但如果给孩子讲相对论，那个命题也太大了。下面我们先集中精力来谈引力波。

讲引力波前我们先讲讲时空机器，正巧好多动画片如《粉红小猪》《爱探险的朵拉》《星球大战》中都有不少关于时空机器的内容，所以咱们就从这里入手开始讲。

我先问憨憨：“你想坐时空机器吗？”小家伙毫不犹豫地答：“YES！”我接着问：“那你想去什么地方？什么时代呢？”他想了下：“我要去暗黑世纪！”

紧接着，我就跟憨憨讲：“如果想坐时空机器，就需要有一种叫作引力波的东西。”

怎样跟孩子讲引力波

假设空间就是一块很大的橡胶垫。如果你扔一个保龄球下去，这个橡胶垫就会被砸得凹进去一块。

这时候，我把被子铺在床上，再往被子上扔一个网球，被子确实凹进去了一块。“就像这样，”我指着凹进去的被子对憨憨说，“物体越大越重，橡胶垫凹进去的部分就越多，也就是说空间被扭曲得越多。”还是同样的被子，我紧接着拿了一本厚书丢上去，只见被子凹陷得更多了。等我把书拿起来的时候，突然看到憨憨吭哧吭哧地搬着一个刚买的大西瓜过来了，说：“我也要试试……”在及时保护了大西瓜之后，我问了憨憨一个问题：“为什么地球会围绕太阳转呢？”答案是，因为太阳体积巨大，就像物体砸在那个橡胶垫上从而带来周围空间的扭曲。

这时候如果你想在太阳周围行走的话，你会发现，虽然并没有一根绳子拉着你，但你却自动围绕着太阳沿着圆形轨迹在动。这就是因为空间的扭曲。

接着再跟孩子讲明白，时空机器需要引力波，东西越大越重，越能改变周围的空间。

引力波是怎么产生的

如果前面的内容孩子掌握得很好，那么就讲得更深入一点儿吧！

当两个巨大的物体加速转圈时，空间的扭曲就会发生变化，从而产生了引力波。那么，如果两个人相互在转圈，也会产生引力波吗？

我一边拉着憨憨转圈，一边解释：“两个人一起转圈，也会产生时空的波纹，只不过这个波纹非常非常小，很难检测到而已。”

因此如果想改变时空，我们需要一对巨大的物体，且运动得非常快，这样才能产生强大的引力波。

这些内容可以让孩子明白，两个物体绕圈可以产生引力波，物体越大，产生的引力波越大。

怎样检测引力波

如果前面的内容都没把孩子绕晕，那么就进入最后一关吧！

紧接着，我又问了憨憨一个问题："知道我们该怎样检测引力波吗？"如果两个人面对面站立，正常情况下，两人之间的空间变化，我们是没法感知到的，但是光就可以感知到。

于是科学家制造了一个设备，它的长和宽相等，当引力波穿过时，一侧被压缩，另一侧被拉伸，设备里的激光就能发现空间扭曲。这就是引力波被检测到的原理。

这一阶段能让孩子明白，激光可以检测到引力波。

够简单吧？你看明白了吗？你的孩子也理解引力波了吗？

用艺术思维教科学

憨憨刚在美国上学的时候，隔三岔五就会带一堆手工作品回来，我当时很纳闷，孩子上学是学知识的，做这么多手工干吗？

后来老师对我说，她实行的是STEAM教育，“A”指的就是“Art”（艺术），她想通过“Art”（艺术）把“Science”（科学）、“Technology”（技术）、“Engineer”（工程）和“Math”（数学）的内容呈现出来，这样孩子学习理工科知识才会更有兴趣。

那天和老师的谈话让我触动很大，在我的字典里，理工科的世界是没有颜色的，我们整日沉浸于公式、定理、实验之中，从来没有想到原来理工科世界也可以多姿多彩。

我曾经听过乔布斯在斯坦福毕业典礼上的一番讲话，他说他年轻的时候从学校退学，是因为只想上他喜欢的课，而艺术类课程就是他喜欢的课程之一。正是因为乔布斯对艺术的这份喜爱和执着，后来在设计智能手机的时候，才会将优雅简洁的设计风格融入其中，从而开辟了一个辉煌的时代。

或许是因为乔布斯的成功，艺术才成为全美科技创新所追求的目标，无论是在旅行房屋租赁社区爱彼迎（Airbnb）上，还是在特斯拉（Tesla）汽车上，你都能看到艺术在闪光。

因此，为了让孩子更好地融入这个时代，艺术至关重要。而艺术教育在美国教学体系中也越来越重要。

我们传统意义上的艺术就是画画、音乐、手工等，似乎它是游离于其他学科体系之外的。其实不然，艺术可以作为一个载体和别的学科完美地融合。

我平时和憨憨做过很多艺术和科学相结合的创意游戏，下面我结合自己的体验，和大家分享一下怎样用艺术的方式在家里教孩子学科学。

利用艺术教天文

很多孩子对星空都很痴迷，我家憨憨也不例外。有个周末，他突然说想看着星星睡觉，于是我就跟他一起手工制作了一片“星空”。

我们在一个小盒子里放入电池和灯泡，然后憨憨选了一个自己喜欢的星座——仙女座，并在一块黑色面板上用针戳出星座的轮廓，再用蜡笔将戳出的洞连接起来，一个星座的模型就出来了。然后用导光柱将洞口和小盒子里面的灯连接起来，目的是让盒子里的灯光通过导光柱传递到外面去，最后关灯，在漆黑的环境下，就能看到星座闪闪发光啦！

在这个“星空”的制作过程中，憨憨借了好多关于星空的书，自己研究起星座来，还阅读了仙女座的故事，这极大地激发了他对天文学的兴趣和求知欲。

如果要在家引导孩子学天文，我的建议是从认识星星入手，以下几个方向可以参考：

• 认识星座：每个星座背后都会有一个神话故事，通过了解故事可以增强孩子对于星座的兴趣。此外，星座就是几个抽象的点，用线连起来勾勒出一个大概的形状，可以锻炼孩子的艺术想象力。

• 认识太阳系八大行星：这个主题通过做手工或者绘画来加深理解最适合不过。

• 认识月亮和地球的关系：这个主题可以做一些月相方面的艺术创

作，比如憨憨的老师就曾让学生们画月相。

利用艺术教机械

很多孩子到了四五岁后就会对机械、马达很感兴趣，围绕机械、马达可以做很多有趣的小实验，比如我曾经给憨憨做了一个艺术品盘子。

我们用的是LittleBits的一套电子积木，选择它是因为它有马达和转轮，当然乐高也会有马达和转轮。

憨憨先找来一个纸盘，将马达和转轮粘在纸盘下方。然后憨憨握住一支笔，保持姿势不动，此时转轮在下面缓慢转动，这样就会在纸盘上画出一圈图案。如果笔尖稍微移动一下，那么就能画另外一个同心圆。这个过程孩子可以自己发挥创意，用不同颜色的笔创作出多彩的艺术作品。

如果在家引导孩子学机械，我的建议是和现有的积木结合起来，比如乐高。乐高本身有很大的艺术创作空间，它可以作为一个载体，将孩子对机械的认知和学习完美地结合起来。

采用乐高学习机械有以下两个方向：

• 利用乐高现有的机械组：乐高有两个和机械相关的系列，一个是乐高的机器（Machine）系列，它提供了一堆齿轮、转轴和杠杆，可以让孩子熟悉机械。另一个是乐高的技术（Technic）系列，它提供现成的组装方案，可以组装机械车、飞机等，也很有意思。

• 利用乐高现有的积木，结合一些非乐高的零件，一样能达到很好的效果。

比如我以前和憨憨买了配件，并结合乐高积木做了一个音乐盒，送给憨妈做生日礼物。憨憨通过DIY音乐纸，摇动的时候能播放出《祝你生日快乐》的音乐，非常酷！

利用艺术教科学

艺术和科学常常是联系在一起的，利用艺术可以帮助孩子认识科学之美。

有段时间憨憨对电影的制作过程感兴趣，缠着问我是怎么做的。我就跟他讲，电影是根据人的视觉暂留制成的，为了让他明白这个原理，我带着他做了下面的实验。

我打印了一张光栅，准备了一个齿轮合成图，将光栅在齿轮合成图上移动，奇迹发生了，齿轮动起来了。

其实，只要多留意、多思考，在生活中我们就可以和孩子利用一些物理原理制作出艺术品。

关于这方面的训练，我建议父母多带孩子参加科技展、艺术展等，多逛博物馆，多带孩子去工艺品市场。

孩子在看过很多艺术作品后，不仅会懂得欣赏艺术之美，激发起对科学的探索欲、求知欲，还会提升他们的创造力。

孩子学琴，父母要全程参与

很多父母都会让孩子学一门乐器，我身边的朋友十有八九为孩子选的是钢琴，我家憨憨在6岁多时也开始了钢琴学习之路。

钢琴号称乐器之王，憨憨的钢琴老师第一次见我们的时候就说："钢琴值得好好练，有了钢琴的基础，以后学什么乐器都能上手很快。"

冲着这句话，我们选择了钢琴，其实并不是说一定要孩子将来能达到什么高度，只是希望通过钢琴训练，能给他打下一个良好的音乐基础。然而，每一个琴童家长都能深深感觉到，每天陪孩子学钢琴，真是一场艰苦卓绝的"战斗"。

挑战孩子的耐心

刚开始学钢琴那几天，憨憨兴奋得不行，说特别喜欢弹钢琴。他每次去学校弹琴，发挥得都很好，也总赢得钢琴老师的夸奖，憨妈也听得心花怒放，很快就决定，家里买架钢琴吧！

可是自打几万块钱的钢琴买回家后，一切就变了样，憨憨一开始还有股子新鲜劲儿，每天能坚持弹半小时，然后训练时间就逐渐减少，有时候曲子仅仅练了一遍就算过了，有时候不催他他就不去弹……很明显，他进入了一个疲劳期。

当孩子进入疲劳期的时候，如果我们逼着练琴，往往他都不会那么顺从，有时候会跟你犟，有时候会各种拖拉和磨蹭，让人看着真的很恼火。

经过长期的“斗争”，我跟憨妈总结了几条经验：

•贴纸奖励。我们准备了一堆贴纸，每次他弹得好，就会在他这首曲子上贴一张，慢慢地，每一页都贴了好多贴纸。这种方式确实能调动他的积极性。

•订计划。每天憨憨下课后我都会问他：“你今天的计划是什么？”然后他会告诉我他有哪些任务需要完成，包括需要做什么作业，大概什么时间段完成。而弹钢琴就是每天任务的一部分。我们之间已经达成一种默契，他完成任务后我会奖励他玩一下iPad游戏，但游戏时间不要超过20分钟，具体时间根据他任务完成情况来定。这种方式也能督促他每天练琴。

培养孩子的抗挫能力

弹琴给孩子带来的挫折是全方位的。有时候一首曲子太难，憨憨怎么弹都不顺畅，他就特别急，一边哼哼唧唧，一边弹得更快。我们跟他说：“不要急、不要急，放慢点儿就好。”但是他那股犟劲儿上来压根儿不听我们的，他总是想着和老师弹得一样快，可是欲速则不达。

到了后来，有时他会砰地敲下琴键，然后往地上四脚朝天一躺，嘴里叽咕着：“我放弃！”每当这时，我们的应对措施就是让他平复情绪，憨妈会给他吃些小点心、喝些果汁什么的，让他忘掉之前的不快，等心情平复后再去弹。

此外，我们还会让他专攻出错的地方，一首曲子比较长，但出错的地方只是几处，所以从这几处容易出错的地方反复弹就好，最后等他攻克难关后，他会特有成就感，自信心也会增强很多。

还有的时候，明明他弹得不对，但是他非常犟，非得认为自己是对的，而且不太容易接受意见。比如憨妈每次跟他说手腕姿势不对时，他都死活不承认。有时候他的节奏快了，憨妈让他慢一点儿，但是他也不承认，只坚持自己就是对的。这种情况的沟通特别累，憨妈经常要跟他争执半天。

后来我们会在他每次弹琴结束之前来个考核，考核的时候全程手机录像，把今天练的几首曲子都录下来。如果发现不对的地方，有视频为证，他也赖不掉，这样他才慢慢学会了接受别人的意见，以及认识自己的不足。

孩子学琴，父母要全程参与

很多人都在问，孩子学钢琴，父母需不需要在现场陪着上课？课后是否要陪练？我认为，如果孩子自觉性没那么高的话，特别是孩子还比较小的时候，这种陪练是必要的。

憨憨刚开始学琴的时候，每次上课憨妈都去教室陪着，所以老师教的任何内容，憨妈都很清楚，而且有时候老师弹钢琴的示范她也会全程录像。在憨憨初学钢琴的时候，这个陪伴的作用特别大。

比如说刚开始时练琴要背诵音符，老师发了一堆音符的闪卡，要求看到正面的音符，就能知道背后的具体是什么音。老师说，这些音都是要熟背的。于是，憨妈每天在憨憨练琴之后都要抽几分钟给他背诵。

因为有家长的全程监督，所以憨憨背诵闪卡的速度也特别快，老师每堂课都会检查学生的背诵情况，憨憨的速度是所有学生中最快的。倒不是说他多聪明，而是得益于家长的陪练，因为只有陪练才能让他更好地执行老师的要求。

后来憨妈因为生二宝，就没能陪着憨憨一起去上课，而且憨憨每晚练琴，憨妈也经常缺席。结果过了一段时间，老师给憨妈发了一个信息，说最近憨憨表现不好，她叮嘱的动作经常做得不到位，交代的练习也完成得不好。

憨妈当时就特别着急，她拿着老师的短信挨个儿问憨憨：

“老师交代这里要慢一点儿了吗？”

“交代了。”

“为什么你没有做？”

“忘了……”

……

几个问题问完后，憨妈下定决心，恢复了跟着上课、陪着练琴的模式，结果效果仍然出奇地好，老师的赞美又纷至沓来。

其实我们心里都明白，孩子弹琴弹得好不好，有时并不在于他有多少天赋，而常常取决于父母是否有足够时间付出和是否足够用心。

于我而言，练琴就是不断培养孩子意志、锻炼逆商的经历，也是不断培养父母耐心的过程。

家长怎么引导孩子的绘画兴趣

从送憨憨在美国上学的第一天起，我就发现一个很奇怪的现象，美国课堂上，老师特别喜欢让学生画画。憨憨从幼儿园的涂鸦，到现在3年级的作业大多数仍然是以画画的形式做出来。

我曾经很纳闷为什么学校这么喜欢让学生画画，这不是浪费时间吗？有一次我问了憨憨的老师，她告诉了我答案。

• 画画对于孩子来说，非常锻炼运动能力和手眼协调能力，这就是他们运动能力训练的一部分。

• 画画的过程是对于知识的一个总结和提炼，就比如说上次他的作业中要介绍犰狳，只有当孩子画出来后，他们才会更清晰地认识到这个动物的爪子什么样子，身体有什么器官，有什么特质等。

• 提高孩子的艺术素养。

• 锻炼孩子的想象力。

• 提升孩子的专注力。这点在憨憨身上表现得特别明显，每次他只要开始画画，就会自动进入安静模式。画一幅画需要几十分钟，他能非常耐心地勾勒线条、涂抹颜色，也能想到关注细节。

憨憨非常喜欢画画，有一次我带他去斯坦福大学艺术博物馆，他就情不自禁拿起画笔临摹东南亚那古老的图腾雕塑。

对我而言，画画对孩子最大的帮助是让他自信和快乐。每当他心情不好的时候，静下心来画一幅画，很快就会变得快乐起来。

孩子学画画的各个阶段

1~2岁

2岁以下的孩子，一般能做到以肘为轴心的左右往返运动，肩和肘也开始有流畅的协调运动。憨憨那时候就特别喜欢画圆，虽然圆圈很不圆，也常常没有闭合，但仍然是乐此不疲。

这个年龄段的孩子可以用马克笔或蜡笔，不用他太多颜色，只要给他几种喜欢的颜色就好。

2~4岁

2岁的孩子手部肌肉更成熟，已经可以用指尖来捏东西，这就意味着他们的手腕控制力会变得更好。在画画的时候，孩子会一边注视着指尖，一边绘画，他们会目测线条的走向，从而引导手指的动作。

这个阶段有个明显的变化是孩子画的圆变得更圆了，而且圆形也会封口了。孩子的语言能力随之提高，他会对自己的绘画加一点儿描述。憨憨在这个年龄时画什么都是几个圆。比如他画了一个圆，说这是汤包；画了几个大小不同的圆，说这是爸爸、这是憨憨……

这个阶段的孩子也是以使用粗的马克笔或者蜡笔为主。父母需要鼓励他们的创作，并试着让孩子阐述画面的含义。

4~6岁

这个年龄段的孩子因为手部控制力进一步加强，画画不再局限于画圆圈，而是融入了线条，比如说画人，他们会用线条来代表手臂、大腿，也会在头上画几条线代表头发。而且他们开始对涂色非常感兴趣，喜欢将不同的物体用颜色来区别开。他们喜欢画脑中想象的物体，有时候虽然画面和现实有些差距，但那正是他们脑中对物体的印象。

比如以前憨憨画妈妈的时候，把嘴画成了一个大大的圆，结果憨妈问他："妈妈的嘴有那么大吗？"结果憨憨说，因为妈妈的话比较多，所以把嘴画大一点儿。

这个阶段孩子的画风会比较奇特，但是请不要纠正他，而且家长也需要倾听孩子对于作品的想法。可以给他们多一些颜色的画笔来发挥，除了马克笔、蜡笔之外，可以逐渐引入彩铅。

6岁以上

从6岁左右开始，孩子就可以画基底线，给事物建立秩序，形成二维空间排列的表达方式。所谓基底线是指孩子画的水面的线、地面的线、山的轮廓线、楼房的窗户隔层线、汽车和飞机轮廓线等。

憨憨就是这个年龄段开始上的美术兴趣班，老师一开始就是让他们画物体形状，用彩铅将物体的基底线画好。

对于画人物来说，孩子以前都是画人物的正面，这个年龄段的孩子可以开始画人物的侧面以及背面。

当二维物体画得比较熟练后，可以逐渐引入对三维物体的描绘。学会阴影处理，用不同的阴影代表光线的落差，从而反映出物体三维的样貌。

这个年龄的孩子，绘画会以彩铅为主，也会加入一些水彩。他们喜欢观察生活并用画笔来描绘生活，因此需要多带孩子出去采风，多和孩子交流作品的思想，多给孩子读绘本故事，从而激发他们的创作灵感。

陪孩子画画的秘诀

憨憨在美国上艺术兴趣班也有一年多了，每周看到他带回家的作品我们都会有几分感慨，的确，美国老师有很多引导孩子的方法值得我们借鉴。

创造力的培养

很少看见老师让孩子们临摹一个固定的图案，相反，老师非常鼓励孩子们的自由创作。每堂课老师都会给孩子们定一个创作主题，每个主题都有一些关键字，只要孩子的画中表达出这个关键字就好，表现形式不限。这样就给了孩子们非常大的发挥空间。

有一次，老师让孩子们以杯子为主题画画，憨憨画了一座灯塔，塔身是由4个杯子叠加而成。这个创作灵感来源于前段时间带他去海边的灯塔玩，他发现灯塔一层一层的，有点儿像大杯子套小杯子。

还有一次，老师给了每个孩子一张纸，纸上就画了一个空瓶子，让孩子们以空瓶子为模型来画画。结果憨憨就画了一个瓶子里的世界。

这种培养方式需要父母不断激发孩子的创造力，不要逼着孩子照着书本描绘，而是鼓励孩子结合一两个元素进行大胆创作。

逻辑性和语言能力培养

老师鼓励孩子们用画笔创作故事，她经常给孩子们8个空白方框，让他们在方框里创作一幅连环画，主题也是让孩子自己发挥，其实就是用画笔来写一个故事。

美国人的艺术创作不仅要画出来，而且要讲出来。当孩子们都画完后，老师都会留几分钟交流时间，让大家轮流介绍自己的作品。如果某个孩子不善言辞，老师会引导他多讲，会结合画里的场景引导孩子回答："他们在做什么？""他喜欢的食物是什么"等。

通过这些问题，不但能引发孩子的思考，帮助孩子绘画水平的提高，还能锻炼他们的口语表达，可谓一举两得。

我一直觉得，趁着孩子小的时候，最好能培养一些艺术细胞，这样，他们更容易发现生活中的美，也更热爱这个多姿多彩的世界。

美国人为π设了节日，因为它激发了孩子的艺术兴趣

圆周率（英文为pi）一般用希腊字母π来表示，它的神奇在于它是无穷而且不循环的。世界上很多国家把每年的3月14日定为Pi Day，同时这一天的下午1点59分就是欢迎π的最佳时间点。在美国，很多学校、家庭或者组织会在这一天举办各种庆祝活动。

你知道吗？π不仅是一串数字，而且也给我们带来艺术和音乐之美。

吃货篇

对于吃货们来说，在Pi Day，最喜爱的庆祝活动当数做一个“派”了（一种类似于蛋糕的烘焙点心），因为“派”的发音Pie和π（Pi）是一模一样的。

美国的Instructables网站每年都会举办一场做“派”的比赛（Serious Eats Pi Day Pie Contest），参赛的“派”也是五花八门，让人不忍下口。有一年的冠军作品，作者用整整101个小的“派”堆成了一幅图，每个“派”上都有一个数字，按照3.1415926……的顺序排列下去，中间还用不同的颜色勾勒出π的模样。

艺术篇

美国有些学校还会教孩子如何将π融入艺术中。对于幼儿来说，理解π的定义实在太难了，你只需要告诉他，π是一串无穷无尽的数字，跟圆相关，就足够了。

【方法一】

（1）准备10根不同颜色的画笔，将0～9定义成不同的颜色。

（2）在一张白纸上用铅笔轻轻勾出方格，在每个交点上按照3.1415926……的顺序依次涂上每个数字所代表的颜色。

（3）将方格线擦掉就变成了一幅美丽的图案。

【方法二】

（1）先用铅笔画上一个圆，将这10种颜色均匀地分布在圆上。

（2）按照3.1415926……的顺序依次将这些数字用线连起来。

（3）将圆擦掉后，能得到一幅抽象的画面。

通过这样的方式，孩子就能将π转化成美丽的艺术图案了。

音乐篇

其实π的美不仅仅体现在图案上，还体现在音乐里。

如果将0～9这10个数字都配上一个相应的音符，然后π的数字集合就会变成一串美妙的旋律。如果配合钢琴演奏出来，会非常动听。难怪憨憨的钢琴老师说，数学和音乐是相通的。

家有喜欢汽车的孩子，千万别浪费他的天赋

很多孩子对机械非常感兴趣，他会不断地去旋转齿轮，痴迷于那些齿轮的联动；他会喜欢玩汽车、飞机，特别爱看轮子的滚动；他会喜欢一切能发射的玩具，比如打出子弹的玩具手枪和扔出石头的投石机……

如果你的孩子有这些特点，那么首先恭喜你，你的孩子有很强的科学探索欲，这些特质对于将来的数学、科学学习有莫大的帮助，而且孩子的思维很活跃，创意也会很好，愿意去尝试新事物。

但是，做这类孩子的家长，挑战性也很高。因为孩子会经常问一些问题，不断地挑战父母的智商，而且往往孩子有兴趣后，家长就需要进一步陪他做一些手工实验来进行实践，再配合原理的讲解，这样才能提高他们的动手能力，加深对科学的理解并增强兴趣。

当孩子表现出对某项事物有兴趣的时候，这就是引导他学习的最好时机。如果这个时机没有把握住，那么他自娱自乐一段时间后，就会感到厌倦，从而转移兴趣，这样我们也错过了挖掘孩子天赋的最佳时刻。憨妈就经常跟我抱怨，说她小时候乐感就很好，但是父母没有给她做针对性练习，导致这个天赋就没有好好发掘出来，深以为憾。

因为有过去的遗憾存在，我们就很注意挖掘孩子的潜力点。憨憨对机械很感兴趣，从2岁开始就整天叫“汽车汽车”，家里也是买了一大堆汽车玩具，够他开一个车队的。有一段时间里，他对自行车的车轮转动也非常好奇，便经常用手去摇脚踏板，就是为了看看车轮是怎么

转的。

那么，家有喜欢汽车、喜欢机械的孩子，家长应该怎么引导？有哪些知识点是孩子可以学习的？有哪些小实验可以做呢？

我看过一本《用简单的机械做科学实验》（*Science Experiments with Simple Machines*），这本书很详细地介绍了孩子玩机械的几个知识点。

学学杠杆原理

在我们生活中经常会用到杠杆原理。有一次，我让憨憨自己打开一个易拉罐，可是那个搭扣很紧，他力气不够，所以拉不动。于是，我给了他找了一个起子，插入搭扣下面，让他再试，结果他很轻松地就打开了易拉罐。我跟他说："这就是杠杆原理。"

要教孩子杠杆原理，首先要让他们明白杠杆的核心思想，其实就3句话：找准一个支点，施加一个力道，举起一个东西。

下面这3个类型的杠杆小实验，不妨和孩子一起做。

抬起实验

［实验材料］1把勺子、1支笔、1个装满东西的盒子

［实验步骤］

（1）将笔放在盒子前3厘米处。

（2）将勺子放在笔上，勺子顶部放在盒子下方。

（3）缓缓地下压勺子，看看能否抬起盒子？抬起盒子是容易还是困难呢？

（4）再换一把长度不一样的勺子，做同样的实验，然后比较一下哪把勺子更容易抬起盒子。

关门实验

［实验材料］1扇门、3张贴纸

［实验步骤］

（1）将贴纸贴在门上的不同部位，分别是A、B、C（如下图所示）

（2）将门打开，然后用一根手指推A，把门关上。感受一下是否容易关门。

（3）重复这个实验，推B和C，感受一下推不同的点时关门是否容易。

（4）比较一下，在哪个点推门最容易，哪个点最难？

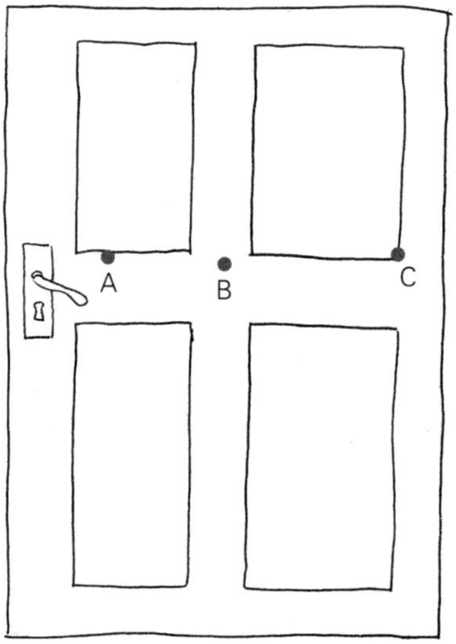

钓鱼实验

［实验材料］1根竹竿、1支水笔、1把尺子、1卷绳子

［实验步骤］

（1）竹竿尽头绑一根绳子，绳子下吊一袋重物。

（2）从竹竿另一头开始，分别标出25厘米、50厘米和75厘米。

（3）右手抓住竹竿尽头，左手抓住25厘米处，抬起重物，感受一下是否容易。

（4）重复上面步骤，分别抓50厘米和75厘米处，感受一下是难还是容易。

这3个实验其实是从不同角度阐述了一个道理，发力点距离支点越远，对于抬起同一个重物而言所需要的力度就越小。它所解决的问题是，让人可以用更小的力举起更大的重量，这样更省力。掌握了这个，孩子对杠杆就有了一个基本的认识。

看看轮子

基本上每个孩子都会有一辆小汽车玩具，其实汽车最大的魅力之一就是那4个轮子。在做这个实验之前，我们需要问孩子一个问题："为什么需要轮子呢？"

咱们接下来看下面这个实验：

（1）拿一块砖头，在平地上推，看看向前推动是否容易。

（2）将一些蜡笔放在砖头下方，然后再推，看看向前推动是变容易了，还是变难了。

（3）找一个盒子，下面装上4个轮子，然后再把砖头放进去，看看推起来是变容易还是变难了。

做完这个实验后，孩子就能回答之前的问题。轮子带来的益处是，帮助物体更轻松地向前移动。这样孩子对轮子的概念也算掌握了。

玩玩齿轮

齿轮是一个很有意思的玩具，非常受孩子欢迎。如果想带孩子了解齿轮，最简单的道具就是自行车。我曾经将自行车倒置地上，然后让憨憨用手转动脚踏板，就能看到踏板带动链条，最后轮子也转动起来。憨憨对此充满了好奇，摇着踏板转个不停。

家长应该如何引导孩子对于齿轮的好奇心和兴趣呢？想一想当孩子在玩齿轮的时候，他考虑过齿轮的转动方向吗？当一个齿轮在顺时针旋转的时候，旁边紧挨着的那个齿轮转动方向是怎样的呢？

可以做做下面这个实验。

（1）将2个齿轮紧挨着放在一起，转动第一个齿轮，然后看第二个齿轮的转向，和第一个齿轮比较一下，是否一样。

（2）将3个齿轮紧挨着放在一起，转动第一个齿轮，然后看第二个和第三个齿轮的转向，和第一个做比较是否一样。

（3）尝试一下4个齿轮的情况，最后画一张下面的图，看看每个齿轮的转向是怎样的。

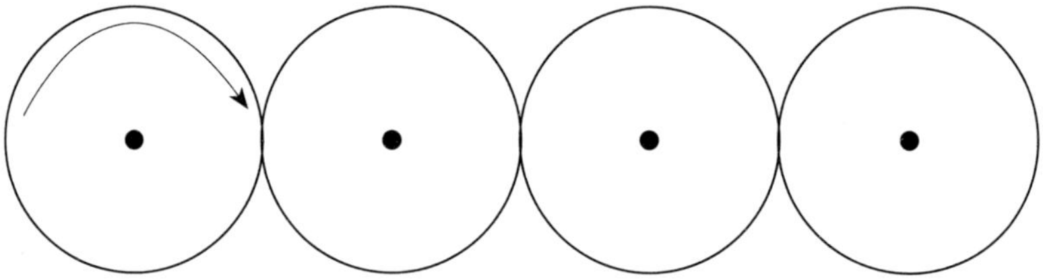

齿轮是钟表、水车等各种机械的基础。乐高的机械组就提供了一堆齿轮，可以完成很多创意作品。只要孩子掌握了齿轮，就可以做很多有趣的玩意儿了。

第八章

硅谷工程师爸爸眼中的STEAM教育

STEAM教育是当下美国非常热的一种教育理念，如今它已经纳入了美国中小学教育体系。它是集科学、技术、工程、艺术和数学于一体的综合教育。

一堂展示课读懂美国STEAM课程

美国前总统奥巴马曾将STEAM列为美国学生的教学重点，包括斯坦福、伯克利等在内的各大顶级学府都专门设立了STEAM研究中心，开始研究STEAM教育到底该是什么样子。

我有幸碰见过斯坦福大学一位专门从事STEAM研究的教授，我就很好奇地问他："STEAM教育涵盖的内容太广了，包括物理、化学、天文、地理、机械、生物、计算机等一大堆内容，可是教学大纲也没规定该教什么，你们准备怎么教呢？"

教授笑了，说："其实没有那么复杂，现在流行的教学方法都是将STEAM融入项目当中的。"紧接着，他给我演示了一堂他们斯坦福教育学院给儿童设计的教学课程。

STEAM 儿童课程第一部分

这堂课的项目主题是火箭计划，一开始老师会给学生介绍一下火箭、宇航员，以及宇航员的登月计划（Lunar Mission）。紧接着，就有学生很好奇地问："月亮不是Moon吗？为什么是Lunar啊？"

老师告诉他们，Lunar这个名字来源于罗马的月光女神，所以很多和月亮有关的词语都用Lunar来表示。

通过开场的项目背景介绍教给孩子天文学知识，认识火箭的功能、宇航员的职责、登月计划等。同时通过和孩子的互动，给孩子讲解单词以及相关的历史知识。

STEAM 儿童课程第二部分

老师接着说："既然要登月，宇航员得有食物和水，这些补给需要事先放在火箭里。补给的量不能太少，否则宇航员会饿死或者渴死；也不能太多，否则火箭装不下。那么该如何合理安排补给的数量呢？"

于是，老师给出本次项目的主题是：设计一枚火箭能携带宇航员登陆月球，要求合理规划食物和水的数量。假设登月计划是5天，如果想要规划补给数量，需要事先知道哪些信息呢？

老师给了学生们一些纸，让他们列出所有有效的信息，有人写了宇航员数量，有人写了宇航员每天吃多少食物，有人写每天消耗多少水……紧接着，老师把学生们头脑风暴的信息都综合起来，就得到估算补给用量的所有线索了。

这个过程锻炼了孩子解决问题的能力，让孩子自己寻找解决问题的方法，同时小组讨论也能提高孩子的团队合作能力。

STEAM 儿童课程第三部分

接下来，老师给学生3张线索卡片。一张卡片写着宇航员名单，另一张卡片写着宇航员每天消耗水和食物的数量，还有一张卡片写着火箭目前拥有的补给数量。下面就要求孩子根据5天的登月计划来计算总共需要多少水和食物，还需要多少补给。

这一部分其实就是数学知识的具体运用，在一个实际的场景中，学会运用加减法以及乘法来解决问题。

STEAM 儿童课程第四部分

最后，老师画了一个空的火箭，旁边放了一堆火箭需要装载的物品，包括食物、水、油箱、宇航员座位、火箭头、火箭尾等，并让学生们根据之前规划的补给量，把相应的物品都塞到火箭里，做成完整的火箭。

这一步就是让孩子学习火箭的内部构造，同时根据构造合理规划内部区域安排，不但灵活运用了数学知识，而且也学习了科学和工程方面的知识。

橄榄球博物馆里的STEAM课

体育和STEAM学习能结合在一起吗？答案似乎是“NO”，但是憨憨学校安排的一次体育馆一日游活动，让我彻底改变了看法。看着孩子收获满满的表情，我想说，如果引导得好，体育和学习完全可以结合的。

在硅谷，有一个著名的橄榄球球队叫作旧金山49人队（SF 49ers）。这个球队的主场就在我们公司旁边，每次有重大比赛的时候，门口的汽车就能堵上几百米。49人队还特地在球场里开辟了一块区域做博物馆。

博物馆不算大，主要面向儿童和家庭，一方面宣传球队的文化，另一方面是用橄榄球来传播STEAM教育。憨憨的学校就曾组织学生参观这个博物馆。

孩子们在入馆的时候，每个人都会发一本名为*SF Museum Learning Playbook*的练习册，老师会结合这本练习册带孩子参观。

通过这本练习册，我才知道一项普普通通的体育活动竟然蕴藏着如此多的教学点，册子里提供的教学方法对我们日常辅导孩子特别有指导意义。

寻宝式活动

有一项活动叫作寻宝ABC，活动的目的是让孩子在博物馆里找出

A~Z这26个字母开头的单词，然后将单词记录下来。

我跟憨憨说："这个活动很容易，不就是找26个单词吗？"

"容易？"憨憨叫了起来，"有些字母很难找的！"

憨憨跟我强调，说他在博物馆里为找这个"V"开头的单词就费了好长时间，最后还是在一个不起眼的赛事介绍里，发现一个叫作"Victory"的单词，这才完成任务。

我又问他："你之前认识Victory这个单词吗？"

他摇摇头说不认识，但是，他紧接着强调，说现在不光认识了，而且还会读和写了呢！

这就是寻宝式活动的优点，一来简单易行，二来能够帮孩子积累单词量，还顺便锻炼他们的专注力和探索欲。

阅读理解类活动

去旅游的时候，无论是博物馆还是风景区，一路上都有很多的文字介绍，我们可以利用这些文字介绍来锻炼孩子的阅读理解能力。

有一种活动就是给孩子看一段关于这个景点的文字，然后回答几个小问题。比如，憨憨的老师就给学生们读了一篇关于一个孩子如何准备橄榄球比赛的小短文，之后就让孩子们复述这个小故事，并回答以下问题：

- 根据文中的介绍，问孩子们玩橄榄球需要什么设备。
- 打橄榄球要做什么训练。

……

这个过程就是对孩子阅读理解能力的一种训练。

艺术类活动

这类活动很有意思，它往往聚焦一个很小的点，然后就能引申出一项艺术创作活动。就像玩橄榄球，孩子能看到很多线条，比如球场上的分界线、教练战术板的指挥线等，但是线条有很多种：从方向来分，有垂直线，有水平线，有对角线；从类型来分，有锯齿状线，有曲线，有虚线；从粗细来分，有粗线，有细线。

那么相关的艺术活动就是让孩子根据不同线的模板，学会画各种各样的线条。

这个过程就是训练孩子的艺术基本功。

数学类活动

数学类活动想象空间很大，可以简单，也可以复杂，咱们来看一个例子。

橄榄球场都有数字的刻度（代表距离），所以老师先让学生们通过球场刻度来认识数字，这就是一个很简单的玩法。接着老师提供了一些数字，让学生在球场的地图中找寻出来。憨憨又一次跟我强调说，老师报的数字很不容易找出来。

因为球场上的数字刻度都是以10为单位的间隔，所以显示的是10、20、30这样的整十数，可是老师让他们找44、15、23这些数字，那么他们就需要知道刻度的概念，然后才能找到精准的位置。这个就是数学中测量的概念。

所以，家长只要利用好生活中的一些数字再结合创意，就能给孩子做好数学启蒙。

科学类活动

科学类活动中也有很多知识点可以探索，比如玩橄榄球一定会运用到物理中“力”这个概念。

关于“力”，老师会给学生们讲两个动作，一个是推，另一个是拉，然后老师就会让学生看一组动作，让他们说出这个动作是推还是拉。接着老师又进一步给学生们讲，每个力都是有方向的，如重力的方向是向下，举力的方向是向上。

介绍完后，老师就给了学生们下面这张图，要求他们写出一个橄榄球在不同方向的受力类型。这就是物理中力学的基础。

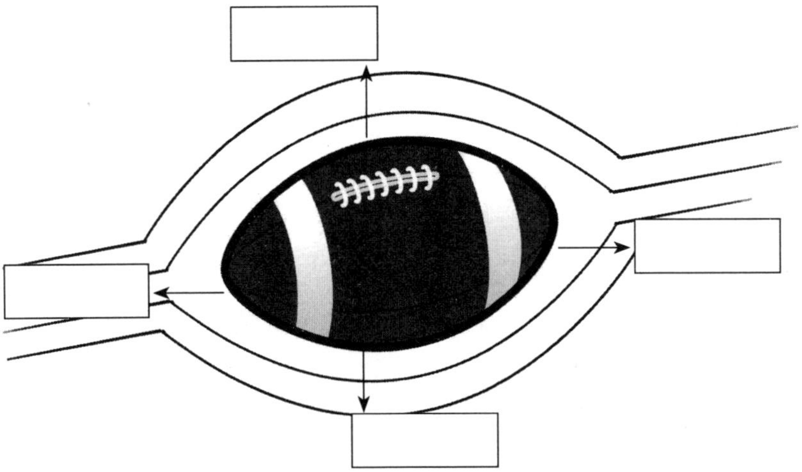

所以，如果细心观察，一个小动作都能延伸成一个科学的知识点。

憨憨对于这次橄榄球博物馆之行感到非常满意，我把他从学校接回家的一路上，他就一直不停地跟我谈他的收获，还不停地提问：

“你知道橄榄球头盔用的是什么材质吗？为什么会选用这种材质呢？”

“你知道体育馆为什么要用太阳能板吗？在什么位置铺设太阳能板是最好的？”

“你知道橄榄球该怎么扔吗？怎样的姿势能使球扔得最远呢？”

……

当我表示不知道时，憨憨就特别得意，然后用他在这次参观中学到的知识来给我解释。听着憨憨的描述，我不禁被美国教育中的细节所震撼了，我从来没想到，一项体育活动能和科学、数学、语言等诸多知识点结合得如此完美。实际上，美国老师很喜欢将生活中的一些细节变成一个个知识点，用游戏的形式将知识传授给孩子们，而孩子们也非常享受这种教育的过程。

从STEM到STEAM，艺术怎么教

很多朋友都在问我美国的STEM教育是怎样的，STEM是Science（科学）、Technology（科技）、Engineer（工程）和Math（数学）的统称。其实近几年来，美国学校已经逐渐用STEAM这个名词代替了STEM，而多出来的A就是Art（艺术）。

其实艺术和STEM，特别是和数学原本就是紧密结合的。

我认识一位斯坦福教授，他原本是数学系博士，当他发现自己的很多数学理念应用于艺术会产生很多神奇的效果时，他又进修了艺术，现在是斯坦福设计学院的教授。他跟我说："数学和艺术是相通的，数学能为艺术提供创作灵感，而艺术又能培养孩子的创造力、想象力和自信，所以两者相辅相成。"

人脑的分工也反映了这个道理，人的大脑分为左脑、右脑两部分，左脑负责数学，右脑负责艺术，当左右脑一起开动时，人才能最大限度地激发创作灵感。

下面我们来看看在美国课堂上，数学和艺术是如何结合的。

数字中的艺术

涂色是孩子最早接触的艺术活动之一，而给数字涂色是数学和艺术结合最简单的形式。

憨憨刚上幼儿园的时候，老师每天都给他们一张数字涂色纸（图中每个数字代表一种颜色），让他们在涂色中认识数字，或者根据数字连线，他们通过这种方式学习数字、认识顺序。

不要以为涂色很简单，其实涂色只是一种形式，通过它激发孩子学数学的兴趣，但是数字的内容可以千变万化。

方块中的艺术

在儿童数学启蒙的初期，方块是孩子最早接触的图形之一。你知道吗？不同颜色的方块组合在一起能产生迷人的艺术效果。

荷兰著名画家皮特·蒙德里安特别擅长用方块来进行创作。他的风格是选一些基础色块，在一些方块上涂色。所以，有些老师就会让孩子借鉴蒙德里安的风格进行创作，一边认识图形、一边熟悉颜色，一举两得。

三维中的艺术

憨憨的美术老师在教孩子们画三维图形时，便是先从简单的正方体入手。一般来说，正方体呈现给我们的是正面、上面和侧面三个面，如果孩子能通过这三个面感知到正方体，那么他的空间思维感就初步建立起来了。

当掌握正方体后，老师会给他们一张画满正方体的格子纸，让他们在里面涂色，要求每个正方体的正面、上面、侧面都用不同的颜色，然后叠加起来。

在这样的练习中，孩子能不断增强空间感，这对于形成几何思维和逻辑思维大有裨益。

对称中的艺术

对称是数学中一个重要的概念，对于几何、逻辑的学习尤为重要。而在艺术中，对称也是一个重要概念。

在学校里，老师也是通过艺术来让孩子学习对称的，他们会给每个学生发一张涂色纸，上面有对称的图案，要求学生涂色时讲究对称，即左右两边颜色得一致。老师还会布置一个团队项目，要求用彩色的三角形纸板沿着对称轴拼出一幅对称的图，由学生们合作完成。

平面填充中的艺术

平面填充就是一堆几何图案不断累积，早在2200年前，古希腊的艺术家就开始用这个概念来设计艺术作品。

“平面填充”这个名词对家长们而言可能有些陌生，但是它在美国的儿童数学里经常被提及，因为它是学习几何、逻辑规律的一个绝好工具。

举个例子，看下面这幅平面填充图案，画面完全由左右两种箭头组成，孩子在涂色的时候需要事先确定一个规律，比如向右的箭头，采用某些颜色交替出现的规律依次涂下去。

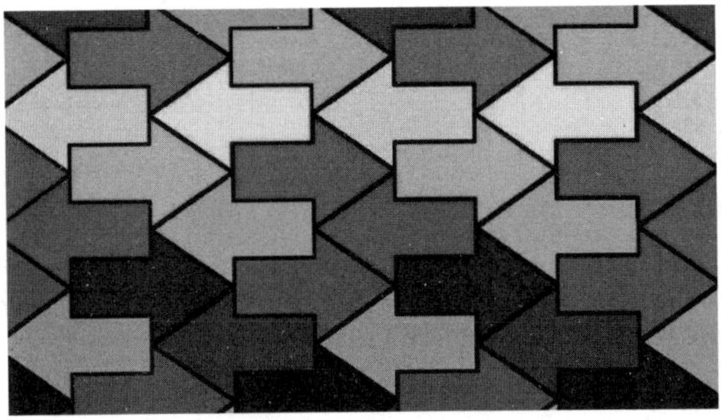

憨憨的老师在教逻辑规律的时候，分给每个孩子一堆积木，要求他们自己确定一个规律，然后根据既定的规律将积木拼出图案来。平面填充也可以很复杂，比如我朋友家孩子的作业，老师就是给了一张格子纸，要求孩子运用平面填充的知识在4小时之内设计出一幅作品。

过山车也是课堂：数学、科学、艺术全学了

节假日里，很多家长都会带小朋友去游乐场，在游乐场里，过山车是非常吸引小朋友的，像迪士尼就有大大小小各种主题类过山车。

关于过山车的智力题

在美国，无论大人还是小孩都特别爱坐过山车，他们非常享受那种尖叫的过程。斯坦福大学的天才儿童项目发布过一个关于过山车的主题活动，他们的主旨就是，过山车不能白坐，完全可以一边玩一边学习。

这里有一道关于过山车的题目很有意思。

有两个小朋友，一个叫作Mark，另一个叫作Clark，他俩同时设计了过山车的轨道，两辆过山车的高度都是12米，但是倾斜的角度不一样，Mark的过山车轨道很直（下页图左），Clark的过山车轨道是弯弯曲曲的（下页图右）。

题目问Mark和Clark同时从自己设计的过山车上滑下来，谁先到地面呢？因为在弯曲轨道的车加速会更快，而在直道上的车加速会偏慢一些。所以，答案是在弯道的Clark更快一些。

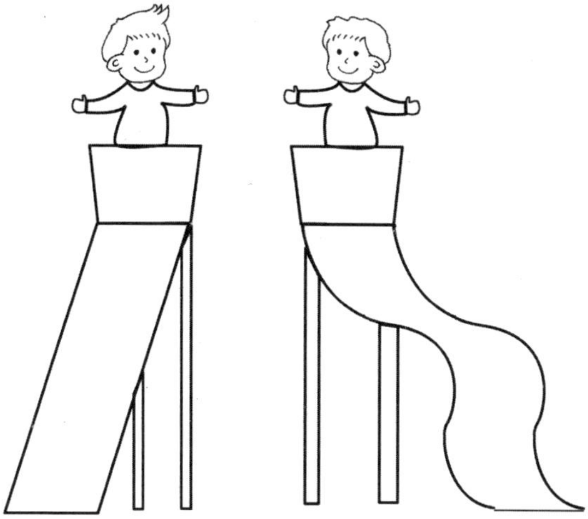

玩中带学

当然，除了上面这种智力题，过山车还能延伸出很多别的活动。

数学和科学的融合

有一天，我们带憨憨去主题乐园玩，发现有位老师组织了一帮学生在坐过山车，和别人不一样的是，这帮学生人手一叠作业纸。一问才知道，他们的这次过山车之旅是一次课堂活动。

在坐过山车之前，老师先让孩子们观察过山车的运动轨迹，然后回答作业纸上的几个问题。

- 过山车上升和下降的时候，速度一样吗？
- 是什么让过山车上升？
- 是什么让过山车下降？
- 什么时候过山车的速度是最快的？

等上了车后，老师又要求学生们记录坐车时的感受，再回答几个问题。

- 过山车上上下下了几次？
- 你的身体感觉被左边推了几次？被右边推了几次？
- 过山车爬坡的时候，你的感觉是怎样的？
- 过山车下坡的时候，你的感觉是怎样的？

而等下了车后，老师最后让学生们再统计一些数据。

- 拿一个计时器，计算过山车开动的时间，上坡的时间、下坡的时间各是多少。
- 计算一辆过山车能坐多少个人。

整个玩中带学的过程中，通过给孩子们布置题目，引导他们的观察，让孩子们带着问题去玩，从而使他们学到了不少物理、数学方面的知识，还加深了对以前所学知识的理解。

过山车主题的艺术活动

有些学校会教学生们用纸盘、卷筒纸芯来做一件过山车艺术作品。

美国加州有一所叫作Anderson的学校，专门举行了一场过山车比赛，比的可不是真的坐过山车，而是做一套过山车的艺术作品。

我们本来以为孩子们创作的作品会很简单，结果发现孩子们的创造力一个比一个惊人，真令人叹为观止。

第九章

硅谷工程师爸爸的学习习惯培养法

孩子做事磨蹭，不听话，做作业需要家长陪，做事没计划，家长怎么办？跟硅谷工程师爸爸一起，用做计划表、做日程管理模板、签合同等方法来培养孩子良好的学习习惯吧！

用暑期计划表培养孩子生活习惯

暑假有个计划非常重要，一来能让孩子养成良好的生活习惯，二来能让孩子懂得规划好自己的时间学点儿东西、做点儿有意思的事情，三来父母带孩子也会轻松很多。

暑期日程表

美国很多家庭都会帮孩子制订一个暑期日程表。最常见的形式就是把每天什么时间段该做什么事情一条条罗列下来。然后，将日程表贴在墙上，方便随时参照。

小孩子的时间观念还不是特别强，所以我们不妨在日程表上先画上时钟，把计划和时间用颜色紧密地关联在一起。纯粹的文字计划会有些单调，这种图片加文字的计划形式会很受孩子欢迎。

还可以将想要做的事情一件件写在计划卡片上，然后将计划卡片放在一个篮子里。我们只需要将相关的计划卡片选出来，贴在卡片栏里面就好了，很灵活，可以随意定制。

抑或是用检查表的方式，每做完一项事情就在日程表里打一个钩。

暑期日程表

当然，如果觉得精确到每件事情的计划太琐碎，那么咱们可以试试下面这种以天为单位的计划。

MTWTF（Monday,Tuesday,Wednesday,Thursday,Friday），就是对应

了周一到周五的计划，每天都会安排一个主题。比如周一做个手工，周二来个户外活动，周三学点儿知识，周四帮助他人，周五做些有趣的事情。

我们的暑期计划表

周一：做些手工

周二：户外活动

周三：学习

周四：帮助他人

周五：做点有趣的事

“夏日小桶”清单

除了制订计划外，美国家长和老师还有一种很喜欢的活动叫作“夏日小桶”清单。

让孩子先做出一个小桶状的卡片来，然后在卡片上写出他准备在这个夏天做的事情，卡片都贴在教室的墙上，这也代表了孩子们对这个暑假的憧憬和希望。

关于这个“夏日小桶”清单的内容，美国家长和老师总结了很多有趣、有意义的暑期儿童活动，比如放风筝，至少读10本书，认识一个新朋友，做柠檬水，一次旅行，在石头上涂色，做个沙拉等。

有趣、有意义的暑期儿童活动

结识新朋友	战胜恐惧	至少读10本书
打水球	去海边	去公园
坐旋转木马	放风筝	收集贝壳
看烟火	做更多的事	烤棉花糖

赶集
自制比萨
游泳
看电影
进行一次短途的公路旅行
在雨中玩耍
捐赠食物给动物收容所
玩飞盘
看魔术表演
种花
寻宝游戏
徒步旅行
拜访亲戚
自制果酱
传球游戏
打保龄球
玩攀爬架
去图书馆
烤蛋糕
吃电影之夜的小吃
榨柠檬汁
玩呼啦圈
做冰棍
寻宝
跳蹦床
在儿童游泳池玩耍
去一个新公园
远离电子产品一整天

枕头大战
建造户外“堡垒”
玩滑水道
吃甜筒
吹泡泡
室内“露营”
去冰激凌店买冰激凌
水枪大战
看日出
喂鸭子
爬树
参观玩具店
帮忙做饭
去动物园
制作带泡沫的饮品
看户外电影
建沙堡
跟爸爸或妈妈约会
在水坑玩耍
拍摄蝴蝶
在床上吃早餐
制作手印画
接力赛跑
捉迷藏
做水果沙拉
玩跳绳
去游乐场或水上乐园

玩迷你高尔夫
捉萤火虫
烧烤
玩激光游戏
摘野花
玩粉笔
穿越草地上的喷水管
喝思乐冰
看日落
在石头上涂色
去农贸市场
家庭游戏夜
去公园野餐
全家骑自行车
做一本日志
留朋友过夜
吃西瓜
洗车
晚餐吃冰激凌
睡衣日
跳石头
去大自然中散步
晚饭时间吃早餐
参观当地的农场或动物园
在海边或湖边吃晚餐
看一场雷雨
做一个有趣的夏季手工

暑期阅读

每个学期快结束的时候，老师都会提出要求让学生们暑假多阅读。所以，每逢假日，美国图书馆也纷纷开展了丰富多彩儿童暑期阅读活动。

如果孩子暑假阅读的话，建议写个读书笔记，要求每读一本书后，都要写时间、书名、作者以及感想。

暑假专属工作手册

看了那么多暑期活动和计划，我见过最详细的暑期计划是一本暑假专属工作手册。这一本小小的册子，内容却非常丰富。有每个月的计划表、每周的计划表、每周生活事项检查表、每周阅读情况检查表、每周户外运动检查表、每周乐器训练检查表等。

这本册子完全是自己做出来的，相信如果按照这本册子来，即便是“熊孩子”也会被调教得特别有条理和计划性。

一份影响着孩子人生的新年计划

迪士尼在2014年年底的时候，制作了一个十大新年愿望的动画合集，在Youtube上播出后立刻引来了全球儿童和父母的关注。迪士尼给孩子提供的十大新年愿望如下：

- Enjoy Nature（享受自然）
- Discover a Fascinating Story（发现一本迷人的书）
- Learn a New Song（学一首新歌）
- Accomplish an Amazing Feat（完成一件创举）
- Conquer Your Fears（克服内心的恐惧）
- Follow Your Dream（跟随你的梦想）
- Have Fun（永远开心）
- Make New Friends（交新朋友）
- Spend Quality Time with Family（高质量地陪伴家人）
- Believe in Magic（相信魔法）

每年12月底、1月初的时候，美国家庭的父母都会和孩子一起许愿，这也是他们新年仪式的一部分。美国学者们发现，看起来简单的新年许愿，如果规划得好，还会对孩子一生有深远的影响。

1979年，哈佛商学院的学者们做了一项研究，他们选择一个班级做实验，请学生们为未来规划一个目标，结果发现，84%的人没有任何目标；13%的人有目标，但是没有具体实施的步骤；3%的人既有目标，也有具体实施的步骤。

10年之后，哈佛的学者们继续追踪那些当初调研的学生，他们发现，13%人群（有目标但是没有具体步骤）的收入，是84%人群（没有任何目标）的2倍之多；3%人群（既有目标也有具体步骤）的收入，是其余剩下的97%人群的10倍之多。

由此可见，是否有目标、是否有清晰的行动计划，是一个人未来能否成功的关键因素。所以，美国教育家们认为，对学生而言，如果希望他们将来有更大的成就，新年许愿不仅仅是许个愿，而是需要制定一个目标。

因此，美国家庭和学校通常都会让孩子新年开学之际制定一个新年目标。新年目标的制定一般有以下两种形式。

年终回顾型

一般制定目标的时候需要参照去年自己的表现来定，这样新年的目标才会更有针对性，因此，美国老师就研发出了下面这种新年计划模板。它由两部分组成，第一部分是回顾去年有什么印象深刻的回忆，第二部分是展望新年，详情如下：

新年计划模板1

第一部分

- 觉得最有意思的课是什么？
- 最难忘的事情是什么？
- 最有趣的事情是什么？
- 最爱的东西是什么？

第二部分

- 你希望学到什么？
- 你希望哪方面得到提高？
- 你在20××年的目标是什么？

这套模板的主旨是让孩子认真回顾和总结过去一年的得失，这样才能知道新一年改进的方向，从而设置合理的目标。

详细计划型

很多孩子在制定目标时都是形式主义，写的是空话，比如新年要锻炼身体、要好好学习等，至于能否做到、怎么做到他们并不关心。因此，美国老师想到了一个详细计划型的模板，让孩子将具体的计划写出来，包括：

新年计划模板2

- 我想学点儿什么？
- 我想去哪里游玩？
- 我想多做点儿什么事情？
- 我想阅读什么书籍？
- 我想提高自己哪方面的技能？
- 我想尝试什么东西？
- 我想改变自己什么缺点？

……

用了这套模板，孩子的新年计划就更加清晰了，他们有了具体的行动计划，也知道该怎样努力。

至于你要选择哪个模板，可以根据自己的喜好来定。我觉得不妨两个都用，先用第一个模板来了解过去，设置未来目标，然后用第二个模板设置未来实现目标的具体步骤。

是不是和孩子制定了合理的目标、详细的计划，到了新年的年底就一定能完成呢？针对这个问题，美国有个叫作Statistic Brain的机构做了一项调查统计，在制定新年目标的人群中，只有8%的人到年底实现了自己的目标，而92%的人都以失败告终。

你和孩子是属于8%还是92%的那一群体呢？这就看你的目标制定得是否合理、有没有详细的计划了，最重要的是能否拥有持久的毅力。

儿童日程管理模板专治孩子不听话、做事磨蹭

有一天早上，我送憨憨上学，回来路上看见一个同学的家长不断唉声叹气，问他怎么了，他说今天孩子又迟到了！每天送孩子上学都跟打仗一般，起床叫不醒，刷牙会磨蹭，吃饭拖拖拉拉，作业经常忘带……总之一句话，孩子很不听话，做爸妈的好累。

其实，这是孩子在时间和计划管理上出了问题。孩子的脑子里并没有时间概念，什么时间该做什么事情，完全是被动地跟着大人的节奏在走，做事自然不会很利索。

如何解决问题

要解决好孩子的时间和计划管理问题不是一件容易的事情，因为很多父母自己都做不好这些。

国外有一个很著名的理论叫作耶克斯—多德森定律，该定律说：“一个人的行动力和情绪之间对应着一个曲线关系：当情绪低落的时候，行动力也比较低；当情绪激动的时候，行动力也处于较低的水平；只有当情绪平稳时，行动力才是最高的！”

将这一理论放到教育孩子上，可以发现，我们在要求孩子完成某项任务的时候（比如刷牙、看书、做作业、吃饭等），必须让孩子的情绪维持在一个平稳的状态。如果孩子积极性不高，那么他对这件事情就有严重的抵触，而如果孩子太兴奋，则完成任务的效果也不会好。

怎样才能让孩子用平稳且积极的情绪来接受任务呢？这就需要把握两点原则，一是吸引他们的兴趣，二是让他们有参与感。

家长不妨设计一个漂亮的任务追踪表，配合适当的奖励措施，这样孩子们就会兴致盎然。而参与感指的是让孩子加入制订计划的过程中，让他们明白，这是他们自己的选择，并且要为之负责。

如何安排任务

首先，合理安排任务。任务的安排必须是他们力所能及的，但又不能难度太低。举个简单的例子，如果我们给6岁孩子布置的任务是搭积木，那么这个任务对于他来说太简单，不具备挑战性；但如果我们安排的任务是今天读10本书，那么这个任务又太苛刻，孩子完成不了反而会产生厌烦情绪。

因此，只有任务安排得合理，才能激发孩子的斗志，让孩子有持续做下去的兴趣。只有积极性提高了，完成任务的效率才会相应提高。

其次，合理安排奖赏。对于孩子来说，一个小奖励就可以激发孩子的积极性，我们可以和孩子互相讨论奖励措施，但是奖励的设立也有一些原则：

•必须阶段性地根据目标的完成情况给予奖励。比如我们给孩子设立一周的目标，周末检查。如果目标都完成了，那么给一个小奖励；又比如我们可以给孩子设立点数，完成一个目标给一个点，如果集到50个点，就给一个小奖励等。

•切忌将奖项设立得太频繁和太容易得到。对于太容易得到的东西，人们往往不大珍惜。当然我们也不能将奖项设立得遥不可及，那样人们往往行动了一半就丧失了继续前进的动力。我们要让孩子享受不断努力而达到目标的过程，只有这样，他们在以后的日子里才会不断给自己设立前进的目标，并为此而努力。

•父母给孩子的承诺奖励一定要兑现。比如说答应孩子完成一系列任务后就带他去公园，不能因为自己忙或者累就取消这一奖励，如果那样，父母就会失去孩子的信任，奖励机制也无从谈起了。

•奖励没必要太昂贵。对于孩子来说，一张贴纸、逛一次公园就足以让他们开心好久了，所以我们无须纠结要买多么贵重的奖励，只要你的奖励能让孩子开心就好。

•设置一个精美的任务表。制作一个任务表，将孩子每天的任务完成情况记录下来，这样也会激发孩子的斗志，孩子通过任务表会清楚地知道自己今天需要做好什么事情，从而合理安排时间。

任务表大概有以下几类：

（1）行为任务表：孩子日常生活安排、学习任务都可以用这个表来拟定计划。

（2）日常事务表：如果想让孩子帮忙做一些家务，这个表将非常适合。

（3）每日生活计划表：这个计划表适合孩子做某项针对性的训练，比如刷牙、睡觉等。

（4）练习计划表：这个计划表适合孩子每天做一些训练，然后给积分奖励，最后算总积分。

（5）目标任务表：这个表适合完成某项针对性的任务。

（6）作业完成表：这个表适合家庭作业的布置、检查等。

（7）幼童训练表：这个表适合幼童使用，比如上厕所、吃饭等。

（8）读书计划表：这个表很适合孩子的阅读训练，记录阅读的书名、日期。

（9）奖励计划表：这个表适合给孩子记录奖励点数，一张表完成后，记得一定要按照事先约定的给孩子兑现奖励。

（10）星星图标：孩子表现出色的话，我们可以给孩子打星，这个表就是为此而专门设计的。

憨爸分享

我花了几个小时整理了一整套精美的任务模板，有好几十张，在我的公众号“憨爸在美国”的对话框回复“计划”两个字，就能得到下载链接。

儿童的习惯养成从一纸合同开始

Phil McGraw博士是儿童大脑研究专家，他有一套儿童契约理论，就是说父母可以和孩子签署一份合同。在合同里，父母可以写出他们期望孩子做的事情，如果孩子做到了，那么会有什么结果；如果没能做到，又会有什么结果。

Phil博士把这种合同称为行为合同，而合同就让父母和孩子的约定有据可依。当孩子阅读并签署了合同，他们以后都很难抵赖，这对耍赖的“熊孩子”超级有用。

Phil博士认为，这种合同越早让孩子体验越好，因为它有两个好处：一是让孩子在人生的早期形成一个契约意识，知道对自己的行为负责，并且承担相应的后果。二是让父母对孩子的日常教育也有个清晰的规划。

下面有几类合同的类型。

零用钱合同

这种合同建立在商业的基础之上。父母可以写明希望孩子做的事情，然后给出明确的奖惩条件，如果完成，则有相应的金钱奖励；如果没有完成，则有相应的金钱惩罚。孩子还可以在合同中写明怎么处理这笔钱，比如多少用来捐赠、多少用来储蓄、多少用来零花。

当然别忘了，最后父母和孩子各自签署自己的姓名，从而合同生效。比如孩子帮忙做家务、倒垃圾、洗车等，都可以用这种合同挣钱，让孩子从小有赚钱的意识，这也是财商培养重要的一环。

行为合同

这种合同建立在习惯养成的基础之上。孩子可以选择3种他将遵守的行为规则，然后父母写出如果做到给出的奖励，或者没有做到给出的惩罚，最后双方签名。如果想让孩子养成一个良好的生活习惯，比如准时睡觉、按时写作业、懂礼貌等，都可以试试这种合同。

目标性合同

这种合同是以目标为导向的。在合同里，孩子写出预期在什么时间节点完成什么样的目标，并写出为什么要选择这样的目标，这个目标对他有什么样的意义。然后列出为了完成这个目标，短期（每天）需要做什么事情，长期（每周或每月）需要做什么事情。最后写出目标追踪的进度，包括还没开始、进行中、已完成等，并列出目标完成情况的理由。这就要求孩子对自己有长远规划，并且能将任务分解，变成为了完成这个规划需要做哪些事情。

家庭作业合同

这种合同是专为监督孩子做作业的家长提供的。在合同里，已经列出了孩子做作业需要履行的职责，比如学校作业需要按时完成；同时也列出了家长的职责，比如要检查作业、提供指导等。然后列出孩子预期完成的时间，如果在规定时间之内完成，能得到怎样的奖励；如果没有完成，则得到怎样的惩罚。

兴趣班合同

这种合同是专为课外兴趣班准备的。家长经常会发现，孩子们的兴趣爱好没有持久性，也比较多变，一会儿想弹钢琴，一会儿想踢足球，一会儿想学英语，但是经常坚持不下来，导致催起来特别费事。而用这个合同就可以约束孩子，让他们选择一样真正喜欢的，然后承诺在合同规定的期限内好好参与这项活动，如果表现好则有相应的奖励，否则有惩罚。而合同同时对父母也有约束作用，要求父母能够给孩子提供必要的支持和帮助。

自控力合同

这个合同专门用来帮助孩子提高情绪自控能力。合同列出了孩子需要做到的几点要求，包括生气的时候要冷静、尊重别人的隐私、不能打断别人、不可有过度的肢体动作等。同时也给父母提出了要求，比如帮助孩子平静下来、给孩子做个好榜样等。

同样，最后要给出相应的奖励或者惩罚措施。对那些爱发脾气、爱哭闹的“熊孩子”来说，这个合同还是很有约束力的。

我曾和憨憨签署过一份关于录制绘本的合同。我承诺，他每录一本，我就给他10美元。如果有一本他录得不好或者没有录，就要赔给我5美元。所以，为了达到我的质量要求，他也少不了反复地录。

结果，憨憨刚录第一集时还挺起劲儿，但是到了第二集，因为录的过程中有些口误导致效果不佳，我让他返工，他就死活不同意。我把合同给他看，一看到要赔5美元，他也只能乖乖地帮我把后面的录音都录好了。

跟孩子就某些事情签合同，对培养孩子的生活习惯、行为习惯、财商、责任感都有相当大的好处，不信，你试试?

孩子做作业，家长陪还是不陪

等孩子上学后，学校就会布置家庭作业，这时候，爸爸妈妈们会纠结要不要陪着孩子一起做作业。陪吧，孩子形成依赖怎么办？不陪吧，孩子马虎、不自觉怎么办？

陪孩子做作业会有什么问题

我所说的陪孩子做作业是指过多地干涉孩子的作业。比如，帮孩子搞定作业，孩子动不动就问你怎么做，随便涂完后就扔给你检查等。这种过度的陪伴是会带来很多问题的。

影响孩子的独立性

记得憨憨刚上学时每次做数学作业，他都要拉我在旁边，一遇到难题他就会习惯性地问我怎么做，或者写一个答案问我对不对。

一开始，我都会耐心给他解答，可是到了后来我发现不对劲儿了，很多时候，憨憨只要稍微不懂就会条件反射般马上问我，已经产生了一种思维惰性。

于是，我决定开始让他学会自己解决问题，就算是问我，我也要他给出解题思路来。

所以，我不建议家长在孩子写作业的时候一直坐在旁边纠错，这样孩子就失去了独立思考的空间。

不要害怕孩子出错，错误可以促进他大脑的发展。独立性也表现在写作业时遇到问题的处理方式上，不会做的时候可以选择自己翻书解决，之后问朋友或者问家长、老师，在经过思考后，这些解决办法会留下更深的印象。

影响孩子的责任感

在我陪憨憨做作业的那段时间，我还发现他有一个问题，就是他会飞快地把作业做完（因为我会给他限定时间，他会以很快做完为荣），然后把作业塞到我手里让我检查。

以这种态度完成的作业肯定有很多问题，要么就是没仔细审题，要么就是数字写错了。每次给他指出来，他就“OK”一声，然后再改，可是改完后，下次做作业还是会犯同样的错误。

出现这种情况，大概就是因为他对我形成了依赖，反正作业是我来检查，就算有错误，我也会给他查出来的，查出来再改就是了，没什么大不了的。可问题是，作业是孩子的，孩子自己应该对作业负责，而不是家长。

不妨在每学期刚开学时就定下一个作业的小目标，比如作业要工整，要独立思考，要及时完成，要保证答案正确。隔一段时间就对比这个目标，看看是不是都做到了。在一段时间后也可以把之前的作业拿出来看看，问问孩子最喜欢哪份作业，为什么？当然错得最少的不一定就是最好的，最好的作业可以是最工整的，也可以是经过思考解决了某个难题。

怎样才能让孩子自觉地做作业

我建议让孩子自主完成作业，但是很多孩子做作业的积极性都不高，离开了家长的陪伴和督促，有时候10分钟可以完成的作业，能拖到1小时之久。我家憨憨也有这种情况，比如说叫他练琴，状态不好的时候他不停磨蹭，有时“鬼哭狼嚎”的，有时明明半小时的作业，他最后能耗上1～2个小时。

所以，想让孩子自主做作业，首先得加强他们的时间管理。

最好每天让孩子在固定的时间做作业，当然这个时间由孩子自己定，可以是先玩再写作业，或者先写作业再玩。过一段时间可以问问孩子：你觉得自己的安排怎么样？时间够不够？为什么？你想怎么调整？这样的练习可以帮助孩子规划自己的时间，还可以让他对自己的行为进行反思，从而使工作更有效率。

其次，教会孩子自己寻找答案。

对于家庭作业，我们可以给孩子提供一些线索，让他们根据这些线索自己去寻找答案。

有一次，憨憨的老师给学生们布置了一个项目——研究达·芬奇，并且作一篇演讲。于是我们就去图书馆挑选了关于达·芬奇的绘本，并在Youtube上搜索了达·芬奇的视频介绍，将材料都提供给憨憨后，我们便让他自己在这些图书和视频里面寻找答案。

结果小家伙对这个项目做得热火朝天，那段时间经常跟我们讲达·芬奇的事迹，很多东西我都是第一次听到，这就是他自己研究的结果，已经开始挑战家长的认知了。

所以，我们不需要给孩子提供答案，而是让他们自己寻找答案。这个寻找答案的过程会激发他们的探索欲和学习兴趣。

孩子做作业的时候，家长该怎么指导

既然不建议家长陪孩子做作业，那么我们在孩子做作业的过程中该承担怎样的角色？要知道，陪孩子做作业并不一定是你“盯”着他写，而是在某个时间段你和他同时工作，你做你的工作，他写他的作业。这样能给孩子营造一个很好的学习氛围，他看你这么认真，也不好意思不努力了。

跟孩子讨论作业不要纠结对错，你可以说：“我看到你在这道题上用了很长时间，为什么？你后来是怎么解决的？”

根据孩子的作业内容，帮助他拓展知识面。比如说孩子在学习图表问题，你就给他看看生活中不同的图表，各种柱形图、饼状图、线形图等。这能帮助他学以致用，在课堂上的讨论也会让他侃侃而谈，从而增加自信。

总而言之，做作业最重要的目标不是做对了多少题，而是利用作业培养孩子的各方面技能。

“阅读马拉松”——让孩子爱上阅读

无论年龄多大，阅读永远是美国孩子暑期活动中必不可少的一个主题。

挑选书籍

既然说到阅读，那么首先就是挑选书籍的问题。可别小看了选书，如果书选得太简单，孩子们就不会有太大的提高；如果书选得太难，孩子们就会产生很多挫折感和沮丧感。因此，给孩子们选择适合他们阅读水平的图书就显得非常重要。

憨憨的老师推荐过一个叫作“五指法则”（Five Finger Rule）的图书选择方法。方法描述如下：

随机选择图书中的一页来阅读。每遇见一个陌生单词，竖起一个指头。当这一页阅读完毕后，统计竖起的指头数：

0 fingers＝too easy（没有手指竖起来表示太简单了）

1 ~ 3 fingers＝just right（1 ~ 3个指头竖起来表示难度刚好）

4 ~ 5 fingers＝quite hard so go slow（4 ~ 5个指头竖起来表示挺难，阅读进展会比较慢）

5 +＝too hard for now（有5个以上的指头竖起来表示太难了）

事实证明，通过这个方法选出来的图书能够恰到好处地满足孩子的需要，至少憨憨每次都读得不亦乐乎。

美国图书馆通常都会给不同年龄的孩子推荐书籍，比如我们去社区附近的图书馆时，就经常看到他们最新的推荐书单。

图书馆推荐的书单难度不是太高，事实上，不少孩子的阅读水平（特别是华人孩子）会远远超出书单中图书的难度要求。比如我家憨憨一直在读的哈利·波特系列，每本都是400～800页的厚度，按照蓝思分级的标准，是4～7年级（9～12岁）的阅读级别，但憨憨和他一些朋友在2年级时就早已经在读了。

另外，书的类别也很有讲究。美国一般将幼儿书分为故事类和非故事类两类，老师也鼓励孩子阅读书籍多元化，除了读故事、绘本之外，还应该多读一些人物传记、历史、科学、社会学方面的书籍。比如憨憨有段时间对“二战”感兴趣，我们就帮他借了关于“二战”主题的绘本。

多接触不同类别的书，也有助于扩展孩子的知识面。

“阅读马拉松”

喜欢看书是第一步，如果能看完后再写写读书笔记，那就更完美了。因为在写笔记的过程中，孩子会对书的主题、思想理解得更加深刻，也能让孩子的写作能力得到极大提高。

美国暑期的时候有很多机构都会举办一种叫作“阅读马拉松”（Readathon）的活动，这个单词很有意思，其实是read和marathon（马拉松）的合体，所以我们又称它为“阅读马拉松”。此外，也是因为整个读书周期拉得比较长，就像跑马拉松一样。

“阅读马拉松”的活动我们在家就可以组织，它的主旨是让孩子每天都坚持读一本书，然后记录读书日志，等记录到一段时间后，就能获得一张奖状或者一份奖品。

其实，“阅读马拉松”的核心是读完后写读书日志，这个日志包含书名、阅读时间、阅读页数等简单信息，通过这种方式让孩子养成每天阅读的好习惯。但如果想写得更多一些，那么就可以考虑写读书笔记。

读书笔记一般包含几个方面：对这本书的理解，讲了什么故事，角色有什么样的特征；读完这本书你的感想是什么；画一张图表达你的感想。

读书笔记最能锻炼孩子的表达和写作能力，憨憨的老师要求每周写一篇，这也是他们为数不多的家庭作业之一。其实，如果孩子有时间的话，一周两三篇甚至每天一篇都是很好的。

用游戏训练孩子的专注力

我家憨憨的专注力很好，玩国际象棋时他能自己左手黑棋、右手白棋玩得不亦乐乎，当他专注下棋的时候，真能达到一种忘我的境界。

专注力不够好会遗传吗

很多父母都在担心自己专注力不够好，会不会遗传给孩子。对于这个问题，要区分不同情况来说。

一般来说，专注力缺失和遗传没什么关系，但是如果严重到诊断为注意力不足多动症（ADHD），根据2010年英国卡迪夫大学的研究结论来看，多动症是会遗传的。但值得注意的是，无论是普通的专注力缺失还是多动症，都可以通过后天的训练而改善。

比如说比尔·盖茨，小时候就特别好动和调皮，于是，外祖母就经常带他去下跳棋，还给他讲故事，引导他读书。所以，比尔·盖茨通过下棋和读书就练出了很好的专注力。他小时候最爱的书是《世界图书百科全书》，他常常连续几个小时阅读这本书，完全沉浸在书的海洋里。所以说，合理的引导和训练可以培养孩子良好的专注力。

专注力不足的表现形式

根据中国台湾儿童发展联合评估中心的研究结论来看，专注的时间会随着孩子年龄的发展而变化，一般性专注力的时间长度是3岁大约15分钟，6岁大约30分钟，9岁大约45分钟。而高阶的专注力（比如玩拼图、积木、写作业等）的时间长度则是3岁约6分钟，6岁约8分钟，9岁约10分钟。

专注力不足的表现形式：

（1）容易忘记事情。

（2）容易分心。

（3）啰唆、多话、常打断别人、爱狡辩。

（4）上课不专心，喜欢到处走动，坐立不安。

（5）读写困难，包括写错字（常多一画或者少一画），阅读时会跳行或者无法理解句意。

（6）做事拖拖拉拉。

（7）缺乏组织能力，无法将自己想说的话、想做的事具体表达或者规划出来。

（8）逃避需要持续性动脑的工作（比如写作业）。

如何提高专注力

中国台湾的职能治疗师张旭铠先生将专注力分为以下5个类型。

集中型专注力

集中型专注力指的是孩子遇到刺激就会有反应，比如当一辆汽车从身旁经过，孩子会立即觉察到车子经过，这就是集中型专注力的体现。

如果集中型专注力缺乏，可以通过听一听、拍一拍的刺激反应游戏来训练。比如可以跟孩子玩下面这个游戏，当小朋友在听音乐的时候，如果听到鼓声，就要拍一下手。借助这种刺激反应的游戏，可以帮助集中型专注力的提升。

选择型专注力

选择型专注力指的是在众多目标中，选择性地只注意其中一项目标。比如家长经常说小朋友看电视时，怎么叫都没反应。这其实就是一种选择型专注力的缺乏，又或者因为刺激来源较弱，导致孩子忽略家长的呼唤。

面对选择型专注力缺乏的孩子，可以采用“在适当的地方挑出适当的玩具”这类游戏，比如给孩子一盘豆子，将红豆、绿豆、黄豆混在一起，要求孩子将红豆挑出放到一个碗里，绿豆挑到一个碗里，黄豆挑到一个碗里，如此反复训练能提高孩子选择型专注力。

交替型专注力

我们在做一件事的时候，其实常常不是单纯的一件事，而是一系列事情。比如孩子在写作业的时候，这不仅仅是写作业，而是牵扯到看课本、写字、打草稿等好几件事情，必须在这些动作中做转换，才能完成写作业这项任务。再比如说玩乐高，这里又牵扯到看说明书、选积木、拼搭等事情，只有完成这一系列事情才能完成一幅作品。

也就是说，当孩子在从事一项工作的时候，如果接到一个指令，他能迅速投入这个指令中完成新工作，之后再顺利返回原来的工作，这就是良好的交替型专注力的表现。当孩子缺乏交替型专注力的时候，一般可以运用多种颜色的串珠组游戏，比如让孩子排列红黄蓝、红黄蓝的颜色规律，并视孩子的接受程度来逐步增加颜色组合。通过这种方式，能让孩子专注于看到或者听到的事物，加以记忆、分析并做适当的回应。

持续型专注力

持续型专注力指的就是个体能维持注意力一段时间的能力。我们可以尝试记录孩子持续型专注力的时间。比如当孩子在玩游戏时，记录他能专心玩游戏的时间，时间越长则表示孩子持续型专注力越佳。

想提高持续型专注力，可以玩迷宫的游戏，给孩子一张迷宫图和一支笔，要求在5分钟内从入口找到出口。通常专注力不佳的孩子很快会放弃，这时候就需要家长帮助，带着孩子观察迷宫思考路线，或者用手指先画一遍，然后让孩子用笔在迷宫中画出路线。这样可以训练孩子持续型专注力。

分配型专注力

我们面对外在环境一系列刺激时，会因刺激的不同而选择适当的注意力形式。比如孩子在课堂上需要一边听老师讲话，一边看黑板上老师的板书，一边做笔记，这就是分配型专注力的表现。

如果孩子在这样的场景中使用持续型专注力，也就是说一直盯着老师讲话，一直等到老师讲完再做笔记，这是很难跟上大家的进度的。

想要训练分配型专注力，可以在孩子从事需要持续型专注力的活动时向他提问，让他一边活动一边回答问题，比如“你在玩什么游戏”，通过你问我答的方式，让孩子处理专注力分配，从而达到分配型专注力的提升。

第十章

跟硅谷工程师爸爸学育儿

将孩子培养成“学霸”不是培养孩子唯一的目标，跟硅谷工程师爸爸学习如何培养孩子的勇气、乐观、合作精神，如何将孩子培养成一个高智商、高情商、高财商的人。

如何提高孩子的情商

我认识的一位前辈是非常成功的企业家，跟他聊天，从来都感觉不到他有什么架子，说话平易近人。前辈的高情商是出了名的，每个和他合作的人都对他的人品和处事风格赞不绝口，我想这也是为什么他能够一步步地从一个小工厂起家，后来进入胡润富豪榜的原因之一吧。从他身上，我第一次发现了情商原来这么重要。

什么是情商

情商实际上是自我情绪的一种控制能力，主要分为5个部分：了解自我情绪、管理情绪、自我激励、识别他人情绪、处理人际关系。

和智商比起来，情商对于未来的人生发展更为重要。《异类》的作者追踪研究过很多高智商的人（智商值超过140的天才），结果发现，这些天才长大后大多庸庸碌碌，有的人是公司的小职员，有的人从事体力劳动，有的人开杂货铺，绝大多数人都没有取得预想中的成功。可是相比天才而言，那些智商平常、情商却很高的人反而事业做得有声有色。

于是就诞生了一个公式，20%的智商加上80%的情商决定一个人的成功，这个公式的准确性无从考证，不过公式强调了情商的作用我深表认同。

如何提高孩子的情商

美国有个网站专注于研究儿童身体和心理健康，就情商开设了一个专题，提出了4点提高情商的小秘诀。

了解自己的情绪

每个人每天都会有不同的情绪，比如高兴、悲伤、郁闷等。要提高孩子的情商，首先得让孩子认识自己的情绪，明白自己的感受，进而才能明白他人的感受。

美国学校从幼儿园起就教孩子认识情绪，他们最常用的方法就是让孩子做各种表情脸谱，如生气的时候是怎样的，高兴的时候又是怎样的。对照表情脸谱让孩子描述一下自己今天的心情怎样。

尊重别人

高情商的人都能揣摩别人的心思，懂得站在别人角度上考虑问题，充分尊重他人。这种尊重既体现在行动上，也体现在言语中。比如见到朋友，起身相迎；比如请别人帮忙，说声“Please”“Thank you”……

美国老师会用画画的方式，让学生知道如何尊重他人。也会采用思维导图的方式，罗列出尊重别人的方式。

控制自己的情绪

每个人都会沮丧，都会发火，这时候控制好自己的行为就显得特别重要。

憨憨的老师在教室里专门设置了一个角落，叫作冷静角落（Calm Down Corner），这个冷静角落的墙上贴满了各种关于情绪控制的纸条，比如你现在感觉怎样，你下次会怎么做，桌上还放了很多情绪控制方面的书籍。如果哪个学生情绪太激动，就请他到角落里自己冷静一下，自己静下心来想一想、翻翻书，很快他就会心平气和了。

选择自己的情绪

合理选择适当的情绪，这是情商里最难的部分。一个人难免会遇到尴尬的事情，如何控制好自己的情绪，并且选择恰当的方式巧妙地化解，就很考验情商。

憨憨有个同学，说话比较刻薄，有一次和憨憨一起玩的时候，他又开始挑衅了，说他做的东西最好，别人做的都没他的好。憨憨只是笑了笑，轻描淡写地说了声："OK，Cool！"然后又低头忙自己的事情了。而那个同学见没有达到预想中的效果，自然也不好再说什么。所以，同一件事情不同的处理方式能带来截然不同的效果。

针对这些，美国老师上课的时候经常组织团队活动、小组讨论，让学生逐渐明白如何在团队里与人相处，在人际交往中如何选择正确的情绪。

憨爸分享

如果想测一下孩子的情商，我找了一套测试题目，在我的公众号"憨爸在美国"对话框里发送"EQ"，就能得到下载链接。

孩子被欺负应该怎么处理

美国校园有欺凌吗？答案很明显，YES！据统计，全美国至少有2/3的学生在学校受到过别人的欺凌。

要不要教孩子打回去

美国有不少孩子在面对欺负的时候，会选择直接打回去的方式。美国前总统克林顿在自传《我的生活》（*My Life*）里也提到，他小时候，有一次被同学欺负，很多人都叫他打回去，可是他犹豫了半天，选择了冷处理，并没有反击，因为他觉得打架不能解决问题，只会让事情变得更糟。

在美国教育界，校园欺凌事件是一个非常头疼的问题。面对欺凌，美国老师普遍认为，打回去不是一个好选择，他们建议孩子采取下面3种措施：

- 直视对方的眼睛，大声告诉他STOP！
- 如果对方不予理睬，就不要理他，径直走开。
- 如果对方还跟着你，就想办法寻求帮助，找朋友或者大人帮忙。

面对这种冷处理的方式，很多孩子都会觉得很困惑，甚至不能理解，这不是示弱吗？是不是很丢脸？对方会不会更得寸进尺？

对这些问题，儿童心理学家Liz Laugeson女士认为，“因为施暴者在欺负别人的时候，常常喜欢从受害者那边得到一些反馈，如果对方哭了、求饶了，他会更加得意。可是当你对他置若罔闻的时候，他会觉得很失望，因为没找到原本期许的快感，所以将来很可能就不会以你作为欺凌目标了。”

所以，面对欺凌，从孩子的角度出发，抗议、不理他、找人帮忙才是最好的选择。

家长怎么引导

身为家长，当孩子被欺负的时候，我们肯定不能坐视不管。

培养孩子的性格

美国著名的儿童发展专家Joy Berry专门就欺凌问题给家长上了一堂公开课。她认为，这得从根源上解决问题，要了解孩子为什么会被欺负。

一般来说，有下面性格特征的孩子容易吃亏：缺乏自信、很害羞、缺少朋友、很胆小、很容易紧张和窘迫、很消极。

一旦发现孩子有这样的性格特征，那么就需要对症下药，把孩子培养成乐观、勇敢和自信的人，并且让孩子多接触社会、多交朋友，只有这样，孩子被欺负的概率才会大为减少。

保护孩子的权益

家长要学会保护孩子，面对孩子被欺负，如果超出了孩子可以处理的范围，我们需要挺身而出。

有一次，憨憨跟几个朋友在滑梯旁嬉戏，一个美国女人恶狠狠地把憨憨拽到一边，歇斯底里地对他咆哮，说他们跑步吓着她的宝宝了。憨憨整个被吓傻了，眼泪吧嗒吧嗒地在眼眶往下掉，因为从来没见过这么凶的人。

憨妈发现后，立刻跑到那个美国女人面前，很严肃地对她说："如果你觉得我的孩子跑步影响你的宝宝，那么对不起，我们会注意！但是希望你能注意你的态度，对孩子不可以用这种语气说话。"

那个美国女人一看中国人态度这么强硬，立刻软了下来，一边赔不是，一边退下去了。我们没法要求每个人都能通情达理，我们的斯文是留给那些明事理的人的，如果遇到素质低、出言不逊的人，该反击和强硬的时候，我们也得毫不犹豫。

强身健体

防止孩子遭遇他人欺凌，我觉得还有一点非常重要，这就是一定要让孩子锻炼好身体。比如孩子从小学学武术、跆拳道等，这些活动不仅能让孩子身体强壮，而且对孩子的自信心培养也很有好处。

憨憨从5岁开始学武术，从拳脚练到棍棒和刀剑，以前柔弱的小家伙现在身体练得壮壮的，小拳头特别有劲儿，所以我也不会担心他在学校里吃亏。

学习武术不是为了在体育上取得多大的成就，而是为了强身健体，为了将来能够保护自己。

美国华人是如何应对孩子被欺凌的

美国老师教的那种冷处理方式在绝大部分时间是管用的，但也有特殊情况。因为，有些时候，我们想躲欺凌者，但躲不过去，特别是对于我们这些身在美国的中国人来说更是如此。

在美国，种族歧视一直以来都是存在的，而且欺软怕硬的现象也很严重。有一年，有个在纽约送外卖的华人无缘无故遭到几个黑人少年的羞辱，他一开始延续着中国人的传统做法，忍气吞声，息事宁人，不愿跟他们纠缠，可是对方死缠烂打、不断挑衅，最后他实在忍无可忍，将对方揍了一顿。最后警方根据现场监控录像将那几个挑衅的少年绳之以法了。

不是所有的欺凌我们都能躲得了，或者找得到他人帮助我们，特别是在美国，华人常常是弱势群体。所以，我们要让孩子懂得如何保护自己，这个世界并不如童话般美好，它有暴力、有歧视、有不平等，如果实在退无可退、威胁到自身安全的话，打回去也只能是最后的出路了。

我们跟憨憨说，如果学校里有人打你，那么你要向他抗议，或者不理他，再或者告诉老师和家长。如果这些方法都不管用的话，你就要用自己的小拳头保护好自己。

孩子胆小，爸爸的引导和帮助更重要

我家憨憨以前很胆小，晚上一个人上厕所都不敢，怕黑。我跟他反复强调，只需要说把灯开一下就不黑，不要怕。可怎么说都没用，他仍然是连去卫生间开灯的勇气都没有，气得我直跺脚，小男生将来要当男子汉的，这么胆小怎么行？

我一直认为，在培养孩子的勇气方面，爸爸应该承担更多的责任。那么我们应该怎样做，才能培养一个勇敢的孩子？

胆小有什么表现

孩子胆小的表现有很多种，咱们来看看自己的孩子有没有这些胆小的表现。

- 怕黑：晚上不敢一个人上厕所，不敢关灯睡觉，晚上出门害怕等。
- 怕坏人：憨憨看动画片时，只要看到一些反面角色，他会很紧张地拉着我问："他是坏人吧？"因为怕坏人，连有人敲门的时候，他都会紧张。
- 怕大声：比如，听见打雷声孩子就会很害怕。
- 在公众场合说话怯怯的，跟陌生人说话时声音很小。
- 在新环境表现得不自然，很紧张。
- 参加球类运动很谨慎，不敢有身体接触。
- 特别爱惜自己的身体，一跌倒或者受伤就哭。

如何培养勇敢的孩子

在美国工作、生活的几年里，我发现美国孩子往往会比华人的孩子更勇敢，更爱冒险，更爱接受挑战，遇到挫折也不太娇气。我观察了一下他们的育儿方式，发现的确有些妙招。

父母的陪同壮胆

美国人有一项经典儿童活动叫作童子军活动，它是让孩子到野外生存，从而培养他们的意志力和勇气。但是，这项活动报名的时候，要求一开始父母能够陪伴。因为美国人认为，儿童的勇气是在父母的陪伴下激发的。

如果孩子害怕，一开始不要强迫他，而是陪着他一起，然后慢慢放手，孩子的勇气很快就会被激发出来了。

多参加集体活动

有一年，我组织了一群小朋友夜间野外寻宝的活动，每个孩子配一个手电筒，然后到户外去寻找“宝藏”。一开始，我担心憨憨搞不定，因为他怕黑，晚上不敢出门。可是后来我发现自己的顾虑是多余的，因为当一帮小朋友一拥而上时，憨憨的胆量已经被激发出来了，何况团队里还有小女生，总不能在女生面前丢脸是不是！

所以，多参加集体活动是能锻炼孩子勇气和胆量的。

多挑战、多鼓励

憨憨4岁多的时候，我们带他参加一个木工的活动，用的是榔头和铁钉去做木头手工。憨憨一开始很害怕，压根儿不敢扶着钉子，生怕敲到自己的手。

我说："别急，咱们一步一步来。"于是我先抓着他的手，一起扶着钉子，和他一起敲；然后我松开手，让他自己扶着钉子慢慢敲；一开始他敲的力度很小，慢慢地力度就加大了，敲钉子也很麻利了。

所以，不断给孩子设置目标，不断挑战孩子的能力，并且不断鼓励孩子进步，对激发孩子的勇气很有帮助。

家庭关系和睦

我有个朋友刚来美国的时候因为不适应，夫妻俩经常吵架，孩子也特别胆小、怯懦，整天皱着眉头，很少有笑容。可是最近看见她的孩子时，发现孩子活泼了许多，也有笑容了，再也不是那个怯生生的小姑娘了。

于是我问朋友怎么变化这么大。朋友说："现在我们慢慢地心态平和了，也不吵架了。孩子似乎也大为受益，性格开朗了不少。没想到家庭气氛对孩子影响这么大！"

培养孩子坚毅的性格

憨憨上篮球训练营的时候，那位美国教练每天都带着他3岁的儿子。有一次小孩子在追一个球时不小心摔倒了，他看着爸爸，眼眶含着泪水，似乎在等爸爸抱他起来。可是，教练站在他旁边，说："Hi！young man, get up！You Can do it！"（年轻人，站起来，你可以做到的！）说这些话时，教练是把他那3岁的儿子当作一个男子汉看待的。最后小孩子自己爬了起来，很快又生龙活虎了。

这个孩子在多次经历这样的事件后，他的性格也越发坚毅和勇敢了。这都得益于父母的不娇惯、鼓励以及适当放手。

锻炼身体

强壮的身体是自信和勇气的来源，对于男孩子而言尤其如此。憨憨所在的篮球队有一个队友，因为身体比较瘦小，他特别排斥身体对抗。当争球、防守、抢篮板时，他都会躲在后面。父母在旁边看得直摇头，说孩子比较胆小。

身体不够强壮，不仅会影响到打球等运动方面的表现，而且身体弱小带来的不自信和胆小还会招致校园霸凌。

因此，我们需要多锻炼孩子的身体，培养起他的信心，至少让他明白，面对竞争和对抗，他是有勇气和能力反击的。

曾经有个爸爸跟我交流过一个观点，他说让孩子练武术或者跆拳道，就是为了让孩子有个强壮的身体，可以有勇气保护好自己，也能保护好别人。对这一观点我深以为然。

其实，没有天生胆小的孩子，孩子的勇气和自信都是来源于父母，想培养一个勇敢的孩子，就先从我们自己做起吧！

做一个有梦想的“疯子”，学会解决问题

人称“钢铁侠”的埃隆·马斯克（《钢铁侠》这部电影就是以他作为主人公原型的），10岁开始学习编程；12岁时卖掉自己的程序赚取人生第一桶金；在斯坦福大学读了48小时后辍学创业，创立的国际贸易支付平台Paypal让他跻身亿万富豪的行列；之后他又开始创办特斯拉做电动车，还成立了美国太空探索技术公司SpaceX造火箭……

在普通人眼里，他是一个“疯子”，经常会有一些疯狂的梦想，但更为关键的是，他能靠自己的不懈努力，让这些疯狂的梦想成为现实。

后来，他创办了一所学校，学校的名字叫Ad Astra，拉丁语的意思是“To The Stars”（未来之星）。这所学校的奇特之处在于，它没有年级之分，实行的是个性化教学，按照学生对知识的掌握能力和兴趣来安排学习。

学校的特色就是教会孩子解决问题的能力。比如在教引擎的时候，传统的学校里，老师会说：“今天我们来看看引擎有哪些部件……你们记住了吗？”在这所学校里，老师会说：“这是扳手和起子，你把引擎拆开，然后再组装起来，就知道它长啥样了！”你觉得这两种方法哪种会让孩子理解更深刻呢？

所以，自从这所学校成立以来，学生们一个个都不愿意放假了，都想在学校学习，这大概就是学校的魅力所在吧！

说到解决问题的能力，那可是“疯子”埃隆·马斯克实现疯狂梦想的基础，也是近几年美国精英教育的一种发展趋势。它主要是锻炼孩子

解决问题的能力、动手能力和创造力。它不提倡将知识以死记硬背的方式灌输到孩子的脑袋里，而是让孩子在生活中通过观察、实验的方式慢慢领会，同时还能将所学的知识点用于解决身边的问题。不少精英学校、辅导班也开展了很多锻炼孩子解决问题能力的课程。比如用沙子堆一座火山，用木头建一座塔。

我们不是埃隆·马斯克那样的亿万富翁，不可能给孩子办一所这样的学校；我们也没有那样的机会，可以让孩子进入埃隆·马斯克的学校。那我们该怎样训练孩子解决问题的能力呢？

其实，只要我们多留心，身边还是有很多机会可以锻炼孩子解决问题的能力的。

• 可以多带孩子去博物馆、公园、动物园、农场、海滩等场所，那里有很多值得探索、学习的东西。

• 如果孩子有“疯狂”的想法，那么不妨帮助孩子备齐原材料，让他实现想法。比如说孩子对引擎感兴趣，那么我们可以买一个小马达，装上电池，让孩子观察马达是怎么工作的。

• 多给孩子设置一些挑战，让他们学会寻找答案、解决问题。

• 每个孩子在探索过程中，不可避免地会遇到挫折，鼓励孩子不要放弃、继续努力，和孩子一起想办法将问题解决。

当遇到问题后，该怎样引导孩子解决问题呢？这里有5个步骤：

（1）发现问题。

（2）寻找解决方案。

（3）在想到的众多方案中选择一个最佳解决方案。

（4）实践并测试自己的解决方法是否可行。

（5）评价结果，如果不行的话再跳回步骤（1）重新开始。

儿童财商培养3步骤

美国人特别注重孩子的财商培养，尤其是中高等收入的人群，他们很乐于和孩子分享怎么赚钱、怎么理财、怎么投资。我有位师姐，她的先生是一位美国人，同时也是做投资的。她对我说，她和先生经常在家当着孩子的面讨论投资的生意，然后还邀请孩子发表一下他们的看法。所以她的大儿子才上高中就开始创办公司，而且成功获得了天使投资。

美国的CNN投资频道就专门制作了一期内容讲解如何培养孩子的财商，它的核心思想就是培养孩子的财商要先设立财务目标，然后朝这个目标努力。

设立目标

确定一个目标是最重要的，首先你得让孩子明白为什么要赚钱，这样他才有赚钱的动力。这个目标可以很简单，比如说想一个月后买游戏里的一个道具，我家憨憨的目标经常就是买植物大战僵尸游戏里的一个植物。

目标也可以定得高一点儿，比如说学期结束的时候买滑板车。目标可以让孩子自己定，定完目标后，我们和孩子一起分析这个目标的可行性。你怎么挣钱达到目标？你需要多久才能达到目标？这都是孩子需要考量的因素。基于大家讨论的结果，我们就可以一起拟定一个计划，这样他才会有一个行动的目标。

在这个过程里，我们尽可能地把主动权交给孩子，多听听他们的想法，而不是直接否定，“你这个不行”“该听我的”，这样会严重打击孩子自信心。

一开始和憨憨定计划的时候，我喜欢指手画脚，憨憨就抗议了，说：“爸爸，你不是我的老板！”后来，我就尽量不说话。但我发现，在聆听他的计划时，我能听到很多我想不到的东西，这些震撼了我，所以，我一直很赞成放手让孩子去自由发挥，他们会回馈你惊喜的。

比如憨憨设立的目标，我一直以为他会买玩具或者好吃的零食，结果他很认真地对我说：“我想要攒钱捐给世界野生动物组织（WWF），我想领养一头大象。”

最后，他终于攒够钱捐了出去，完成了他的梦想。世界野生动物组织也给他寄了证书，以及领养的大象的照片，这让他非常有成就感。

社会实践

有了目标还不够，我们还得让孩子学会怎么朝着目标努力，怎么才能挣钱。

让孩子摆摊卖东西来赚钱，这是美国家庭培养孩子财商的一种传统方式。周末时，如果开车去公园、集市这些人流量比较大的地方，经常能看见有孩子在摆摊卖东西，当然卖得最多的就是柠檬水了。

很多大人会在孩子的摊位前驻足，买上一杯柠檬水，饶有兴致地问他们筹款的目的是什么。

憨妈也曾带憨憨去集市摆过摊，记得5岁那年，他第一次摆摊的时候，手里揣着一袋小鸭子玩具在摊铺前吆喝，结果一位老奶奶问他手里的鸭子多少钱一只。

因为这是憨憨喜欢的玩具，他恋恋不舍地看了小鸭子一眼，脱口而出："30美元！"

"哦，天哪！它太贵了！"老奶奶笑得合不拢嘴，我们也被这个"黑心"报价逗乐了。

不过，自从摆摊之后，之前对金钱毫无概念的憨憨，如今已经能很熟练地对每个商品进行报价，我们也渐渐给他灌输进价多少钱、售价多少钱、中间赚多少钱这样的商业逻辑了。

玩游戏

除了社会实践，玩游戏也是一个很好的选择。这里非常推荐美国经典的财商培养游戏——大富翁（Monopoly）。我家憨憨5岁的时候就开始接触这套游戏了。在我看来，大富翁的独特魅力在于以下几点。

教孩子银行储蓄的概念

游戏中，每次路过起点的时候，银行都会给该用户分发一笔钱，一开始憨憨还奇怪地问我为什么。我就告诉他："你把钱存在银行里，银行不能白拿你的钱，会给你一点儿利息回报的。"这让他明白了，原来钱是可以存银行的，而且银行可以让钱生钱。

教孩子买卖的原理

游戏中，每次走到一处空地的时候，你都可以选择将这块地皮买下来。当买地的时候，用现金支付，然后商品成交。

教孩子赚钱的模式

每次走到别人地盘的时候，都需要支付一笔钱。而如果别人走到我们地盘的时候，别人又得给我们支付钱。所以，这就教给了孩子一个最简单的赢利模式：买地！收钱！

教孩子金钱交换

买卖的时候，经常需要将钱找零，这就给了孩子一个很好的实践机会，明白什么是支付、该怎么找零，顺便也训练了数学心算的本领。

美国老师眼中的好学生和“学霸”是什么样的

从小到大，我都是“学霸”，我身边的那帮硕士、博士华人朋友圈里，大家也都是“学霸”。所以，“学霸”们的育儿理念就是：“将门出虎子，‘学霸生学霸’！”大家对孩子的学科成绩自然也都抓得很紧。

有一天，我送憨憨去课后的中文学校，憨憨的中国老师一个劲儿地说：“Nathan（憨憨的英文名）很聪明，成绩很好，美国学校教得太简单了，像他这样的孩子就应该学深一点儿，比如现在3年级，就可以多学点儿4年级的内容，我们的使命就是让孩子往深里面学、超前学……”听得我一阵激动，这不就是在培养“学霸”吗？

后来，憨憨的美国学校开家长会，他们学校是一所排名很靠前的公立小学。在家长会上，就如何培养“学霸”的问题，我和憨憨的美国老师进行了一番深谈，从美国老师那里，我感受到了中美教育者对于“学霸”完全不同的态度。

美国的“学霸”是怎样的

我一直好奇的是，憨憨从幼儿园到小学从来没有参加过考试，那他们的成绩是怎么衡量的呢？老师给我看了一张表，原来美国学校也有学业成绩的考量，但这个考量标准是基于孩子平时课堂上的表现、作业完成情况来进行的，并没有所谓的“一考定成绩”的说法。成绩用1～4这

4个数字来衡量，1代表成绩不达标，2代表成绩还可以，3代表成绩很不错，4代表成绩超级棒。

于是，我很激动地问老师："Nathan的数学都超前学不少了，拿4应该毫无悬念了吧？"老师摇摇头，她给我介绍了一下美国式"学霸"的标准，简单概括起来就两点：一是能够展现自己的学科成绩非常优秀，二是在这门学科上能够帮助别人一起提高。

对于第一点，学科成绩如何展现呢？也有两方面：一方面是平时的作业练习能够完成得很好，另一方面是平时的活动中能够运用学到的知识解决问题。她举了个例子，在教测量长度时，孩子如果光知道做题，这是远远不够的，必须学会用尺子去真正量一下物体的长度，知道1英尺大概有多长，一个人一般是几英尺高……

如果说第一点很多小朋友都能达到的话，那么第二点就不容易了，因为他不仅需要对这门学科有足够深的理解，而且要有一定的能力和耐心去帮助别人一起提高。比如身边的同学对某个概念不理解，他能帮助同学将这个知识点融会贯通。因此，能否很好地帮助别人，是这个孩子能否取得满分成绩的关键。

这就是为什么绝大多数学生都集中在2和3这个成绩段，而甚少有学生拿到4的原因。

成为"学霸"就是学习的唯一目标吗

老师说，对她而言，好学生的标准并不是拿到4、成为一个"学霸"那么简单。除学科成绩提升之外，孩子知识面的拓展和领导力的培养也是她教育的方向。

知识面的拓展

老师给我举了个例子，有一次她布置了一个作业，请学生们介绍自己上周看的书。结果等作业收上来后，她惊奇地发现，所有学生介绍的书都是故事类绘本。等她问及有没有看一些非故事类绘本的时候，大多数学生都茫然地摇头。

故事类绘本只是书籍的一种，比如风靡美国的《小屁孩日记》《神奇树屋》等，它们因为有精彩的配图和情节，很能吸引孩子的阅读兴趣。但是问题在于，这类故事类书籍的知识面太窄了。孩子们不是生活在故事里的，他们需要了解这个世界发生了什么，比如植物是怎么生长的，美国大选是怎样的，太空是什么样子……这些知识仅仅靠课堂教学是远远不够的，而是需要通过大量阅读不断地积累。

比如美国的大选，孩子们可以不用详细了解辩论的内容是什么，但是可以读一些类似《时代周刊（儿童版）》（*Time for Kids*）的杂志，了解一些动态，最起码要知道候选人是谁，总统是怎么一回事。

谈到总统，还可以读一些传记类的绘本，了解美国比较有名的总统，比如华盛顿、林肯等。

老师又指了指她现在给学生做的自然实验的小项目（种植小植物，让学生观察生长情况），然后阅读一些植物类的绘本，了解植物对于地球的意义、植物生长的规律等。

只有积累了大量的知识，孩子的知识体系才是完整的，他的阅历、眼界也会随之提高。

领导力的培养

除了学科成绩和阅读之外，老师还给了我一个建议，她说，亚裔学生的家长普遍都很关心孩子学习，会上很多课后补习班，所以学习成绩很好。但是，他们还需要更多地对孩子进行领导力的训练和培养。

在美国的教育体系里，领导力是孩子必备的一项技能，这表现在你要展现出让别人信服的人格魅力，让别人能够心甘情愿地听从你的决策和建议。

老师给我提供了提高孩子领导力的几个小诀窍：

• 培养孩子的情商。这包括怎样控制自己的情绪，怎样与人交流，怎样在复杂的情况下取得正面的结果。

• 不要过度沉迷于成就。对成就的过度关注，会让孩子陷入单打独斗的怪圈，因为他们觉得个人的成就都是靠个人力量取得的，从而忽视了和团队的合作。

• 不要过度表扬。孩子需要表扬来建立自尊和自信，但是过度的表扬给他们带来的却是自大。

• 允许他们失败。只有经历失败才能体会失败后的风险和后果，对于一个领导者，他必须知道失败的后果才能做出正确的决策。

• 学会说“不”。对孩子的溺爱将会影响他们成为领导者，你需要学会对他们说“不”，让他们靠自己的努力达成目标。

• 做一个合格的榜样。你的一举一动都是孩子眼中的榜样，你想让孩子变成怎样的人，你首先就得成为那样的人。

• 包容别人的错误。让孩子知道，每个人都会犯错，要学会包容别人的错误，这才是一个领导者该有的气度。

憨憨的老师说她希望自己的学生将来都能成为一个很好的领导者。从小学习做领导者，这也是美国教育的特色。

虽然家长会只有短短的20分钟，但对我的冲击是巨大的。中国人的“学霸”培养路线能将孩子培养成一个很好的执行者，而美国人的教育理念却是将孩子培养成一个博学的领导者。或许，我们真该反思，在我们不断聚焦于孩子学习成绩的同时，我们是不是真的还少了些什么呢？

个性化教育的真谛是什么

在美国，很多教育专家和科技人才都在围绕激发儿童潜能和让孩子集中注意力、爱上学习这两个问题开始改革教育，目前也看到不少未来教育的影子，那么硅谷所打造的未来快乐教育是什么样子？我来给大家介绍一下。

个性化学习

无论是比尔·盖茨还是扎克伯格，都在讨论个性化学习，这是当前教育的一大痛点。为什么这么说呢？因为学校目前实施的都是班级化教学，一个班几十个学生，老师讲的是统一的教学内容，但因为学生水平参差不齐，有的觉得简单，有的觉得困难，老师却没法保证让每个人满意，所以造成的问题是成绩好的学生会浪费时间把已经掌握的知识再多学一遍，成绩不好的学生很难跟得上教学进度。

现在硅谷流行个性化学习，它会将一门学科打碎成一个个的任务，以任务的方式来驱动，通过人工智能对每个孩子进行追踪和统计，来判断他们的学习进度，以及推送符合他们水平的学习内容。我之前给憨憨用的斯坦福天才儿童计划就是这样一个产品。

以数学的加减法这个知识点来说，它被分为很多任务，包括用加法解决问题、用减法解决问题、加减法策略选择等，当领取相应任务后，就会出现关于这个任务所代表的教学点介绍，之后就是讲解和练习。当孩子完成任务后，家长就能收到一张统计报表，告诉他们孩子的任务完成情况，包括用时、正确率、错误率等，并且指出孩子未来需要提高的方向。另外，这套教学系统也抛弃了年级的概念，只要跟着它的任务列表走，就能很好地判断孩子的学习水平。对于学习能力强的学生，这套系统会帮助他超前学习。所以用这套系统学习的孩子，其学习能力一般会高出同年级学生两个级别，这就是个性化学习的激励效果。

除了斯坦福的个性化学习系统，曾经红遍朋友圈的AltSchool也是个性化学习系统的典范。在AltSchool系统中，每个孩子都会配有一台iPad，用来连接学校的教学系统，利用iPad和管理系统教学是AltSchool的一大特色，老师给每个学生建立任务表，每周10～25个任务，视每个学生的学习进度而定。

学校将教学知识点分成一个个任务分配出去，孩子们通过iPad能查看到自己本周的任务清单，然后挨个儿完成，就像打游戏一样逐步通关。

而且，他们上课也很有创意，每个孩子都可以选修自己喜欢的课程，所以，经常是不同年龄的孩子在同一个教室上课。因为AltSchool有一个教学理念：每个孩子在不同学科方面的能力发展是不一样的。如果一个低年级孩子艺术方面水平比较高，那么他完全就可以和高年级的孩子一起上高级别的艺术课程。这样就能保证孩子的教学水平始终维持在一个高位，而不会让孩子因为觉得简单无聊而丧失学习兴趣。所以这也是一种个性化学习的很好尝试。

在虚拟现实中学习

孩子在学习过程中还有个问题是“三分钟热度”，针对这个问题，硅谷推出了VR/AR技术来辅助学习。

VR/AR又叫作虚拟现实/增强现实。这个概念刚一推出，教育界就一片叫好声，认为能推动教学的改革。VR一般需要戴一副眼镜或者头盔，通过VR看到的世界完全就是虚幻的世界，比如你可能置身于浩瀚的宇宙，也可能在古埃及金字塔旁，还可能生活在童话世界。

比如Google开发的一个系统，它解决的是孩子厌学的问题。当学生上课时用上VR后，就会发现周围的同学都变成了小海豚，他完全是在一个童话王国里学习。在这样一个环境里，孩子还会厌学吗？

还有一家传说中非常厉害的公司，叫作Magic Leap，他们研发的产品号称能够将课堂和生活注入魔法的色彩。

比如上课的时候，发现课桌上多了一群小海马，还能游来游去。比如晚上孩子睡不着觉，可以在床上看小人跳芭蕾舞。

最酷的是，老师如果想组织学生们去参观蓝鲸，只需要去体育馆里看就好了，在那里他们竟然能看到蓝鲸从地面上冒出来然后纵身一跃，水花四溅。

另外还有一种技术叫作AR（增强现实），它不需要戴头盔或者眼镜，只需要一部手机就可以操作了。

AR技术还有一个很重要的应用是在儿童的艺术训练上。现在有一种涂色游戏非常神奇，当孩子在纸上涂完颜色后，用手机对着一照，便可以发现纸上的东西竟然活过来了，甚至还可以动，而且颜色和孩子涂的颜色一模一样，简直酷毙了！

我给憨憨买过这样的画册，结果小家伙涂起来就停不下，每次涂完一个部位后，就用iPad照一下，然后拉着我们一起欣赏他的大作。

享受教育的快乐，或许这正是比尔·盖茨探索教育的初心。它需要我们大家的坚持和探索，不过我相信，这一天终将到来！

不解决好焦虑，无论是否出国，都会有“学而思”般的疯狂

有段时间，国内很多媒体都在炮轰校外培训机构“学而思”如何“捆绑”家长。究其原因，都是因为家长对孩子的期望太高，希望课后辅导能帮助孩子提高，而好老师的资源也有限。所以，谁能帮助孩子提高学习成绩，谁就能获得家长的追捧。巨大的需求放在那里，就算没有“学而思”，也会有其他类似机构冒出来。

因为，家长们在孩子教育的事情上如此疯狂，这些教育机构充其量只是一个推手，而背后的真正原因其实是家长内心的焦虑。

父母为什么焦虑

自从我做了公众号，经常有妈妈们给我留言，从她们的言语中，我能感受到她们的焦虑，这种焦虑无非以下几点。

父母对于怎样教育孩子感到茫然

我经常能收到这样的问题：“我家孩子刚上幼儿园，怎么进行英语启蒙啊？”“我家孩子逻辑思维能力好像不行，怎么引导啊？”……

“教育”这个词囊括的内容很多，包括英语、数学等一系列的学科，而每个学科都有一套完整的教学体系。比如说学英语，就要从字母入手，进而学音素，然后自然拼读、分级阅读；再比如说学数学，其中

就有分数、加减、测量、逻辑、几何等。最关键的是，这些体系一般都是按照时间轴排列的，不同阶段做不同的事情，分类都很明确。

而如果父母对这些体系不清晰的话，自然脑子嗡的一声就大了，越教越茫然，越教越焦虑，最后不得不求助于辅导班。

父母有一种跟风的心理

一次，憨妈拿着手机找我开会，原因无他，就是她有个朋友在朋友圈晒了一段女儿弹钢琴的视频，非常精彩，所以一定要拉着我一起学习。看完后，憨妈就着急地问我："你看人家孩子弹得多好，是不是我们家憨憨钢琴课上得太少，要多加几节课啊？是不是咱们该给憨憨物色一个更有名的钢琴教师啊？"我一时语塞，为什么一定要和别人比呢?

可是，家长们总忍不住将自己孩子与别人家的孩子做比较：

别人的孩子报了这个辅导班，我家娃也要报！

别人的孩子用了这套辅导教材，我家娃也要买！

别人的孩子学了这个乐器，我家娃也要学！

……

这就陷入了越比越焦虑、越焦虑越比的死循环。长此下去，只能是报更多的辅导班，找更好的老师。苦的是自己，累的是孩子。

父母能力的欠缺

平时我推荐英文绘本的时候，收到的留言大都集中在："我英文不好，怎么引导孩子啊？"

确实，现在的孩子知识学得越来越多，这对父母的要求也是越来越高。学英文的时候，老师要求家长帮孩子准备演讲和单词默写；学钢琴的时候，老师说家长要留意孩子的音准和指法；学国际象棋的时候，老师说家长平时要陪练。

这完全是把家长逼成全能选手的架势，但不是每个家长都有时间、有精力、有能力跟孩子一起学习的，如果家长发现自己跟不上孩子的节奏怎么办，那么，辅导班就成了唯一的选择。

父亲在家庭教育中的缺失

中国家长有个怪现象，爸爸一般是在外面忙着赚钱的，带孩子大多是妈妈的责任。

有一次，我带憨憨去打网球，发现另外一片场地是一个妈妈带着孩子练球。一般网球入门的时候，都需要给孩子喂球，正手几个，反手几个，但很明显，这个妈妈不会打网球，她给孩子喂的球都没有落到孩子身边的范围去，结果孩子急得直跳脚，妈妈则是一脸的无奈。

一般来说，运动是爸爸比较擅长的，为什么爸爸不能陪孩子练球呢？其实不光是运动，在数学、科学、动手实验方面，爸爸都比较有优势。如果爸爸不参与，妈妈又搞不定，那么就只能报辅导班了。

把孩子送出国

有的父母会说，国内教育拼得太厉害了，干脆就跟电视剧《小别离》一样，把孩子送到国外吧，那里很轻松。

可是真的轻松吗？我住在硅谷的华人区，我家附近每隔几步就是一个辅导学校，有少林功夫班、钢琴学校、数学辅导班、中文学校……凡是你在国内能看到的辅导班，这里一个都不少。

在憨憨上3年级时，我想送孩子去家附近一所比较有名的中文学校，可当我去报名的时候，接待老师很诧异地跟我说："现在才报名？太迟啦，我们早就报满了……"

太疯狂了！恰好我有个朋友的孩子就在这所中文学校学习，我问她怎么才能挤进去。朋友苦笑了一声："没办法，你现在只能报明年的了，我就是提前一年报名才被录取的。"

为了寻找好的学校，这里的华人家长都是费尽心思。如果有幸报上班了，家长更是全力以赴。每天接送不说，如果有时间，很多人还会和孩子一起上课。

比如我给憨憨报了国际象棋课，每次上课的时候，我都看到好几个家长都会坐在教室的后排，拿着手机静静地拍下老师授课的全过程，回去给孩子复习。这份专注我自愧不如。

国内流行的奥数，我们这里也有。比如Kumon Math、Russian Math，都是很有名的数学提高班，小小的硅谷有好多分店。我带憨憨去考察过，进了教室，大部分都是黑头发、黄皮肤的孩子，除了讲师可能是美国人之外，其余和国内无异。

在美国的华人圈里，平时谈得最多的话题就是：

"你给孩子报了什么辅导班啊？"

"这个学校的老师怎么样啊？"

"孩子钢琴练得怎么样啊？"

……

所以，只要你对孩子的教育怀揣梦想，只要内心还存在着那份焦虑，无论在什么时候、什么地方，你永远也摆脱不了辅导班的束缚。

我们该怎么办

如果问我该不该给孩子报名上辅导班，我的观点是，可以报名，但是在报名之前，你需要问清楚自己3个问题。

孩子是否感兴趣

所有的辅导班都应该基于孩子的兴趣。比如奥数，这本来就是少部分孩子玩的游戏，如果自己的孩子对奥数很反感，何必强求呢？

美国很多学校都有天才儿童计划（Gifted Program），就是把全年级优秀的学生集中起来一起学习，类似于国内的尖子班，比例是学生人数的6%~10%。憨憨有个美国同学的妈妈是一位老师，我就问她是否会为了送孩子去天才班而做特训。她说不会，一切随孩子的能力而定。如果因为做了特训而被录取，孩子实际能力并没有达到，他会很痛苦的。

你是否有时间陪伴

如果给孩子报了辅导班，你就必须抽出时间来陪伴，关心孩子的学习进度，陪孩子一起温习，带孩子一起训练。就拿学钢琴来说，仅仅凭每周一堂钢琴课，就能练出成绩吗？根本不可能，要知道，上课只是学了一点儿基础，真正的训练都是在课后，都是靠父母的陪伴。

如果你做不到课后的亲子陪伴练习，还给孩子去报班，对不起，你追求的只是一种心安，实际上是一种浪费。

你能否调节好自己的心态

你是否对孩子有很大的期许，比如要考全班前几名，要竞赛拿名次，要考名校。如果你抱着这样的心态去给孩子报班，那么我劝你三思而后行，这样的你会对成绩非常敏感，严重起来甚至控制不好自己的情绪。所以，父母能否调整好自己的心态，是决定孩子能否快乐学习的根本。

总之，记住一句话，是否让孩子报辅导班，孩子能否快乐地上辅导班，都取决于父母的心态。